WORKBOOK TO ACCOMPANY
Español a lo vivo

WORKBOOK TO ACCOMPANY

Español a lo vivo

SIXTH EDITION

Ernest J. Wilkins
UNIVERSITY OF UTAH

Jerry W. Larson
BRIGHAM YOUNG UNIVERSITY

JOHN WILEY & SONS
NEW YORK   CHICHESTER   BRISBANE   TORONTO   SINGAPORE

Library of Congress Cataloging in Publication Data:

ISBN 0-471-82837-8

Printed in the United States of America

10 9 8 7 6 5 4 3 2

Preface

This workbook has been prepared to help you improve your communication skills in Spanish. It has been written as a companion to the textbook *Español a lo vivo*, Sixth Edition. Each structure introduced in the textbook is practiced in the workbook, and the order of presentation is identical to that of the textbook. To familiarize yourself with the material to be presented in class, you can complete the exercises in the workbook before your instructor presents the oral exercises from the corresponding textbook lesson. Or you can wait until you have worked with the oral exercises in class, and complete the workbook exercises as reinforcement.

Each lesson of the workbook is divided into four sections. The first section, *Laboratorio*, includes answer sheets to be used with the listening-comprehension exercises recorded on Tape B for each lesson in the Laboratory Tape Program. These listening-comprehension exercises deal with the cultural notes, readings, and dialogs found in the corresponding lesson of the textbook. You will need to take the workbook to the laboratory in order to record your responses while working with Tape B.

The second section of the workbook chapter, *Procesamiento de palabras*, contains structured writing exercises designed to help you master the concepts introduced in the textbook.

The third section, *Expresión individual*, gives you an opportunity to express yourself more freely in Spanish with only minimal guidelines.

The fourth section, *Vocabulario*, includes a word game or exercise to assist you in learning the lesson's new vocabulary.

Lessons 1 and 2 include a section called *Ortografía*, which contains exercises to help you overcome some common errors in Spanish spelling, syllabication, and word stress.

An 8-unit Special Pronunciation Program is included in the Laboratory Tape Program. These short listening-discrimination and pronunciation exercises will help you to distinguish between Spanish sounds as well as between Spanish sounds and English sounds that should not be pronounced when speaking Spanish. Answer sheets to be used while listening to these units are provided in a separate section at the beginning of this workbook.

To help measure your growing listening-comprehension ability in Spanish, a series of listening-comprehension exams have been recorded for use after every third lesson. Answer sheets for your responses follow every third workbook lesson.

The workbook concludes with an answer key to the *Ortografía*, *Procesamiento de palabras*, and *Vocabulario* sections of the eighteen workbook lessons; translations of the textbook dialogs and culture notes for the first three chapters; and instructions for using the computer software program that has been prepared for this edition of *Español a lo vivo*.

We hope that your study of Spanish using *Español a lo vivo* will be enjoyable and successful.

The Authors

Contents

SPECIAL PRONUNCIATION PROGRAM

Unit 1

English d or Spanish đ?

*Circle * if you hear English "d" as in "address," đ if you hear Spanish d as in* **adiós**.[1]

1 * đ		3 * đ		5 * đ		7 * đ		9 * đ	
2 * đ		4 * đ		6 * đ		8 * đ		10 * đ	

Spanish d or Spanish đ?

Circle d if you hear Spanish d as in **San Diego**, *đ if you hear Spanish đ as in* **adiós**.

1 d đ		3 d đ		5 d đ		7 d đ		9 d đ	
2 d đ		4 d đ		6 d đ		8 d đ		10 d đ	

English "uh" or Spanish a?

*Circle * if you hear English "uh" as in "above," a if you hear Spanish a as in* **hasta**.

1 * a		3 * a		5 * a		7 * a		9 * a	
2 * a		4 * a		6 * a		8 * a		10 * a	

[1]In this Workbook, * is used as the symbol for any non-Spanish sound.

English "ay" or Spanish e?

*Circle * if you hear English "ay" as in "day," e if you hear Spanish e as in* **aprende**.

1 * e   3 * e   5 * e   7 * e

2 * e   4 * e   6 * e   8 * e

English "ih" or Spanish i?

*Circle * if you hear English "ih" as in "in," i if you hear Spanish i as in* **sí**.

1 * i   3 * i   5 * i   7 * i   9 * i   11 * i

2 * i   4 * i   6 * i   8 * i   10 * i   12 * i

Unit 3

Spanish b or Spanish ƀ?

Circle b if you hear Spanish stop b as in **bueno**, *ƀ if you hear Spanish fricative ƀ as in* **abuela**.

1 b ƀ   3 b ƀ   5 b ƀ   7 b ƀ

2 b ƀ   4 b ƀ   6 b ƀ   8 b ƀ

English "ou," "uh" or Spanish o?

*Circle * if you hear English "ou" as in "no" or English "uh" as in "tomorrow," o if you hear Spanish o as in* **cómo**.

1 * o   3 * o   5 * o   7 * o

2 * o   4 * o   6 * o   8 * o

English "yu" or Spanish u?

*Circle * if you hear English "yu" as in "music," u if you hear Spanish u as in tú.*

1 * u   2 * u   3 * u   4 * u   5 * u   6 * u

Unit 4

Spanish s or Spanish [k]?

Circle k if the letter c in each word is pronounced like a k, s if it is pronounced like an s.

1 k s	3 k s	5 k s	7 k s	9 k s	11 k s
2 k s	4 k s	6 k s	8 k s	10 k s	12 k s

Unit 5

Spanish g or Spanish g̶

Circle g if you hear Spanish stop g as in tengo, g̶ if you hear Spanish continuing g as in mucho gusto.

1 g g̶	3 g g̶	5 g g̶	7 g g̶	9 g g̶
2 g g̶	4 g g̶	6 g g̶	8 g g̶	

Unit 6

English "ny" or Spanish ñ?

*Circle * if you hear English "ny" as in "onion, canyon," ñ if you hear Spanish ñ as in año.*

1 * ñ   2 * ñ   3 * ñ   4 * ñ   5 * ñ   6 * ñ

Unit 7

Voiced or voiceless Spanish s?

*Circle **V** if you hear a voiced **s**-sound as in* **mismo**, **VL** *if you hear a voiceless **s**-sound as in* **cortés**.

1 V VL	3 V VL	5 V VL	7 V VL	9 V VL
2 V VL	4 V VL	6 V VL	8 V VL	10 V VL

Spanish t or a ch-sound?

*Circle * if you hear a ch-sound,* **t** *if you hear Spanish* **t**.

1 * t	3 * t	5 * t	7 * t	9 * t
2 * t	4 * t	6 * t	8 * t	10 * t

Unit 8

Spanish k

*Circle * if you hear an aspirated k-sound,* **k** *if you hear non-aspirated Spanish* **k**.

1 * k	2 * k	3 * k	4 * k	5 * k	6 * k

Spanish p

*Circle * if you hear an aspirated p-sound,* **p** *if you hear non-aspirated Spanish* **p**.

1 * p	3 * p	5 * p	7 * p	9 * p
2 * p	4 * p	6 * p	8 * p	10 * p

LECCIÓN 1

Laboratorio

¿Lógica o absurda?

*You will hear ten pairs of statements. If the two statements are logically related, circle **L** (**lógica**). If they do not go together, circle **A** (**absurda**).*

1 L A	3 L A	5 L A	7 L A	9 L A
2 L A	4 L A	6 L A	8 L A	10 L A

Notas culturales

*You will hear the **notas**, and then a series of statements. If a statement is true according to the **nota**, circle* **V** (**verdadero**). *If it is false, circle* **F** (**falso**).*

Saludos formales

1 V F

2 V F

3 V F

Saludos informales

1 V F

2 V F

3 V F

4 V F

Narración

*You will hear the **narración**, and then a series of statements. If a statement is true in terms of the **narración**, circle* **V** (**verdadero**). *If it is false, circle* **F** (**falso**).*

1 V F	3 V F	5 V F	7 V F	9 V F
2 V F	4 V F	6 V F	8 V F	10 V F

5

Ortografía

1. Silabeo

A The basic Spanish syllable consists of a consonant plus a vowel or diphthong (e.g., **ie**, **ue**).

Divide the following words into syllables, writing each syllable on the line provided.

1 como   _Co_   _mo_

2 bueno   _bue_   _no_

3 mañana   _ma_   _ña_   _na_

B Two consonants are usually divided (for example, **es/tu/diar**). Exceptions: the consonant clusters **ch**, **ll**, and **rr**, and the combinations of **b**, **c**, **d**, **f**, **g**, **p**, or **t** with either **l** or **r**, are not divided (**ca/lle**, **a/brir**, **a/cla/mar**).

Divide the following words into syllables by marking a diagonal line between the syllables.

1 per/mi/so   2 Mar/ta   3 mu/cho   4 a/pre/ciar   5 es/tu/dian/te   6 ha/blar

2. Particularidades de ortografía

A The **k**-sound in Spanish is spelled with a **c**, **qu**, or **k**, depending on the letters that follow it. Study the following patterns.

   c + **l** *or* **r** + *vowel*   (**cl**ima, **cr**eer)
   c + **a**, **o**, *or* **u**   (**ac**aso, **c**odo, **c**uña)
   qu + **e** *or* **i**   (**qu**edar, **qu**itar)
   k + *vowel*, *in a few names and scientific words*   (**k**ilo, **k**ilómetro)

*The following words begin with the **k**-sound. Fill in the blanks with **c**, **qu**, or **k** as appropriate.*

1 _c_ ada   5 _qu_ emar   9 _qu_ ien   13 _k_ ilogramo

2 _c_ lase   6 _qu_ ince   10 _c_ rudo   14 _c_ ortar

3 _c_ omprar   7 _qu_ eso   11 _c_ urso   15 _qu_ erer

4 _c_ asa   8 _c_ rema   12 _qu_ into   16 _c_ reer

B The **kw**-sound is spelled as follows:

cu + *vowel*   (**cu**idado, **cu**ento)

Circle the sound represented in the following words.

1 cuatro   k   (kw)   3 cantar   (k)   kw   5 cuando   k   (kw)

2 cobre   (k)   kw   4 cuidar   k   (kw)   6 cuñado   (k)   kw

C The Spanish **g**-sound is represented in the following ways:

g + l *or* **r** + *vowel*   (**gl**obo, peli**gr**o)
g + **a**, **o**, *or* **u**   (**ga**to, bi**go**te, **gu**sto)
gu + **e** *or* **i**   (lle**gue**, **gui**tarra)

*The following words have the **g**-sound. Fill in the blanks with **g** or **gu** to correctly represent the sound.*

1 __g__ oma   4 __G__ loria   7 __g__ orra   10 __g__ ula

2 Mi __gu__ el   5 __gu__ erra   8 pe __g__ ar   11 man __g__ o

3 __g__ ala   6 ti __g__ re   9 __gu__ iar   12 __g__ rupo

D The Spanish spelling for the **gw**-sound is **gu** + **a** (**Gua**temala, **gua**po) or **gü** + **e** or **i**.

Circle the sound represented in the following words.

1 guardar   g   (gw)   5̶ guineo   g   (gw)

2 guía   (g)   gw   6̶ ligue   g   (gw)

3 Guadalupe   g   (gw)   7 zaguán   g   (gw)

4̶ güera   (g)   gw   8 vergüenza   g   (gw)

E The aspirated **h**-sound is spelled as follows:

g + **e** *or* **i**   (**ge**melo, **gi**ro)
j + *vowel*   (**ca**ja, **je**fe, **ji**nete, **jo**ta, **ju**nta)

The letter **h** in Spanish is not pronounced except in combination with **c**, rendering the same sound as the English *ch* (**chico, ocho**).

Place an x in the column of the sound represented in the following words.

	k	kw	g	gw	h
banquete	✓				
guapa				✓	
joven					✓
quito	✓				
golpe				✓	

	k	kw	g	gw	h
cuadro		✓			
jamón					✓
gozo			✓		
cultura	✓				
gesto					✓

3. Acento

A Most words ending in a vowel, **n**, or **s** are stressed on the next-to-last syllable.

Underline the stressed syllable in the following words.

1 tar<u>des</u>   2 <u>ha</u>blan   3 ma<u>ña</u>na   4 apr<u>en</u>des   5 <u>vi</u>ve

B Most words ending in a consonant other than **n** or **s** are stressed on the last syllable.

Underline the stressed syllable in the following words.

1 par<u>ed</u>   2 us<u>ted</u>   3 pregun<u>tar</u>   4 ni<u>vel</u>   5 universi<u>dad</u>

C Words that do not follow these patterns have an accent mark written on the syllable which is stressed.

Underline the stressed syllable in the following words.

1 lec<u>ción</u>   2 es<u>tá</u>   3 a<u>diós</u>   4 cor<u>tés</u>   5 <u>pá</u>jaro

D The written accent mark is sometimes also used to distinguish between two words spelled the same way.

Give the English equivalents for the following words.

SPANISH	ENGLISH		SPANISH	ENGLISH
1 el	the	3	si	if
2 él	he	4	sí	yes

E *Use diagonal lines to divide the following words into syllables, and underline the stressed syllable.*

1 <u>bue</u>/nos <u>dí</u>/as   **2** <u>lla</u>/ma   **3** se/<u>ño</u>/ra   **4** can/<u>sa</u>/do   **5** en/can/<u>ta</u>/da   **6** es/<u>tán</u>

Procesamiento de palabras

4. Saludos formales e[1] informales

A *You meet the following persons on the street. Write an appropriate greeting for each person.*

1 your banker _____ **Buenos días.**[2]

2 your best friend _____ Hola

3 the college dean _____ Buenos días

4 your girlfriend's mother _____ Buenos días

5 your roommate's younger brother _____ Buenos días

B *The following persons greet you in the store as indicated. Give an appropriate response.*

1 *The store manager: ¿Cómo está?*   *Your response:* **Muy bien, gracias.**

2 *Susana: ¡Hola! ¿Cómo estás?*   *Your response:* Muy bien, gracias

3 *Miguel's twin sister: ¿Qué tal?*   *Your response:* Muy, bien, gracias

4 *Mrs. Ortega: Buenas tardes.*   *Your response:* Buenos tardes

5 *Your teammate: Buenos días.*   *Your response:* Buenos días.

5. ¿Cómo se llama . . .? (llamarse)

A *In the blank to the right of each person listed, write out the correct way to ask that person's name.*

1 your teacher _____ **¿Cómo se llama usted?**

2 your younger sister's friend _____ ¿Cómo se llama? (¿Cómo te llamas?)

---

[1]**Y** (meaning *and*) becomes **e** before words beginning with an **i**-sound.

[2]The answer to the first item has been given as a model for the entire exercise.

3 your university president   _¿Cómo se llama, usted?_

4 your new roommate   _¿Cómo se llama?_

5 the classmate next to you   _¿Cómo se llama?_

B *Give the Spanish equivalent for the following.*

1 My name is _____.[1]

     Me llamo Marléne.

2 Her name is Lisa.

     Ella se llama Lisa.

3 What is your name? (asked of a classmate)

     ¿Cómo te llamas?

4 His name is Miguel.

     Él se llama Miguel.

6. *Los pronombres como sujetos*

A *Write the subject pronoun or pronouns that correspond to the following forms of the verb* **estar**.

1 estás   _tú_

2 estamos   _nosotros_

3 estoy   _yo_

4 están   _ellos, ellas, uds._

5 está   _él, ella, ud._

B *Write in an appropriate subject pronoun only if one will help clarify meaning.*

1 ¿Cómo estás _____?

2 ¿Cómo está _____usted_____?

3 _____ estoy cansado.

4 ¿Cómo está Carlos? _____Carlos (él)_____ está bien.

[1]Fill in your own name.

7. Tú *y* usted

In asking the following people how they are, decide whether you would use the **tú-** *or* **usted-***form of the verb. Then write* **¿Cómo estás?** *or* **¿Cómo está?**

1 your roommate   **¿Cómo estás?**

2 your big brother   ¿Cómo estás?

3 your teacher   ¿cómo está?

4 your university president   ¿Cómo eté?

5 your best friend   ¿cómo estás?

8. Estar *to be (tiempo presente)*

Supply the correct form of **estar**.

1 ¿Dónde __**está**__ Carlos?

2 ¿_____Están_____ en la clase Anita y Susana?

3 ¿Cómo _____están_____ ustedes?

4 Miguel no _____está_____ en casa.

5 Pepe y yo _____estamos_____ muy cansados.

6 ¿Cómo _____estás_____ tú?

7 Ellos _____están_____ bien.

8 ¿Cómo _____estáis_____ vosotros?

9. Hablar *to speak, to talk (tiempo presente)*

Complete the responses to the following question.

¿Quién habla español?

1 El profesor __**habla español.**__

2 Yo _____hablo español_____

3 Antonio y Ana María _____ hablan español_____ *(hablamos crossed out, hablan written above)*

4 Juan y yo _____ hablamos español _____

5 Tú _____ hablas español _____

10. Estudiar *to study (tiempo presente)*

Complete the responses to the following question.

¿Quién estudia español?

1 Miguel _____ estudia español _____

2 Dolores y Lisa _____ estudian español _____

3 Tú _____ estudias español _____

4 Memo y yo _____ estudiamos español _____

5 Vosotros _____

11. *Los artículos definidos*

A *Write the appropriate form of the definite article (**el**, **la**, **los**, **las**).*

1 __el__ doctor

2 __el__ joven (*m*)

3 __las__ clases

4 __las__ estudiantes (*f*)

5 __las__ chicas

6 __los__ profesores

7 __las__ familias

8 __la__ oficina

9 __los__ chicos (*m*, *f*[1])

10 __el__ muchacho

11 __el__ parque

12 __las__ casas

B *Give the plural form of the following nouns and articles.*

1 el chico __los chicos__

2 la joven __las jovenes__

3 el estudiante __los estudiantes__

4 el profesor __los profesores__

5 la clase __las clases__

[1] A mixed group, *m* and *f*.

12. Aprender *to learn (tiempo presente)*

Complete the responses to the following question.

¿Quién aprende francés?

1 Yo _____ aprendo francés _____

2 Los estudiantes _____ aprenden francés _____

3 Tú _____ aprendes francés _____

4 Joaquín y yo _____ aprendemos francés _____

5 Ana _____ aprende francés _____

13. Vivir *to live (tiempo presente)*

Complete the responses to the following question.

¿Quién vive aquí?

1 Tú y yo _____ vivimos aquí _____

2 Usted _____ vive aquí _____

3 Juan y María _____ viven aquí _____

4 Yo _____ vivo aquí _____

5 Nosotros _____ vivimos aquí _____

14. Frases negativas

Rewrite the following sentences, making them negative.

1 Juan está cansado. **Juan no está cansado.**

2 Me llamo Felipe. _____ No me llamo Felipe _____

3 Ellos están bien. _____ Ellos no están bien _____

4 El profesor se llama Juan. _____ El profesor no se llama Juan _____

5 Fidel está en la clase. _____ Fide no está en la clase _____

15. Frases interrogativas

Make questions of the following sentences by changing the word order.

1 Pepe está aquí. **¿Está aquí Pepe?**

2 Carlos está en la clase. ¿Está en la clase Carlos?

3 Usted se llama Jones. ¿Usted se llama Jones?

4 Ana María está cansada. ¿Está cansada Ana María?

16. Resumen

Choose the correct answer and write it in the blank.

1 ¿No está aquí __él__?
   a) Elena y María   b) nosotros   c) él

2 Ella _____ está _____ enferma.
   a) se llama   (b) está   c) estoy

3 Usted se llama Alicia, ¿ ____ verdad ____ ?
   a) está   (b) verdad   c) ella

4 Hola, Miguel. ¿Cómo ____ estás ____ ?
   (a) estás   b) está   c) están

5 _____ Las _____ chicas no están aquí.
   a) Los   (b) Las   c) La

6 Ricardo y yo _____ estamos _____ muy bien.
   a) estáis   b) estoy   (c) estamos

7 ¿ _____ Estudian _____ mucho ustedes?
   a) Estudiamos   (b) Estudian   c) Estudias

8 Susan y Mike no _____ hablan _____ español.
   a) hablan   b) hablamos   c) habláis

9 ¿ _____ Viven _____ ustedes en California?
   a) Vivís   (b) Viven   c) Vivimos

10 ¿ _____ Aprendes _____ tú mucho en la clase?
   a) Aprendes   b) Aprendéis   c) Aprende

Expresión individual

17. Saludos y preguntas personales

Write answers or responses to the following.

1 Buenos días. **Buenos días.**

2 Buenas tardes. _Buenas tardes_

3 Hola, ¿qué tal? _Bien, ¿ y tú?_

4 ¿Cómo está usted? _Estoy muy bien_

5 ¿Cómo se llama usted? _Me llamo Marlene_

6 ¿Cómo está la familia? _La familia está bien_

7 ¿Dónde está usted? _Estoy en la clase_

8 ¿Dónde están los estudiantes? _Los estudiantes están en la clase_

9 ¿Cómo se llama el profesor? _El profesor se llama Song._

10 Hasta luego. _Hasta luego_

11 ¿Hablan ustedes español en la clase? _Sí, hablamos español._

12 ¿Estudia usted mucho? _Sí, Estudio mucho._

Vocabulario

Crucigrama

	1	P	A	R	Q	U	E				
2	P	E	R	F	E	C	T	A	M	E	N	T	E

Grid (as filled in):

- 1: **P A R Q U E**
- 2: P E R F E C T A M E N T E
- 3: B A S T A N T E
- 4: E S T U D I A R
- 5: B A N C O
- 6: U S T E D
- 7: A B R A Z O
- 8: L A P I C E S
- 9: R E U N I O N
- 10: N O S O T R A S
- 11: E L

Solve the crossword puzzle (**crucigrama**) by writing a Spanish word horizontally in each numbered row of boxes, one letter per box. Clues for each word are given below. When you have filled all the words in, the letters in the shaded column of boxes should reveal a common place to be with your date. Use all capital letters, without accent marks.

1 A place where Latin Americans like to meet their friends.
2 One way you might respond to the question **¿Cómo estás?** if you were feeling great.
3 The word means *enough*.
4 What good students do in the library.
5 Where you would go to change your traveler's checks.
6 The word meaning *you* to be used when talking with your boss.
7 When two friends in Latin America meet after a long separation, they give each other an _____.
8 Students who are prepared for class have one or two of these.
9 A gathering of people is called a _____.
10 The subject pronoun that a group of young ladies would use when referring to themselves.
11 La profesora, _____ profesor.

LECCIÓN 2

Laboratorio

¿Lógica o absurda?

*You will hear ten pairs of statements. If the two statements are logically related, circle **L** (**lógica**). If they do not go together, circle **A** (**absurda**).*

1 L A	**3** L A	**5** L A	**7** L A	**9** L A
2 L A	**4** L A	**6** L A	**8** L A	**10** L A

Notas culturales

*You will hear the **notas**, and then a series of statements. If a statement is true according to the **nota**, circle **V** (**verdadero**). If it is false, circle **F** (**falso**).*

1 V F	**3** V F	**5** V F	**7** V F	**9** V F
2 V F	**4** V F	**6** V F	**8** V F	**10** V F

Lectura

*You will hear the **lectura**, and then a series of statements. If a statement is true according to the **lectura**, circle **V** (**verdadero**). If it is false, circle **F** (**falso**).*

Mari Carmen Castellón

1 V F	**2** V F	**3** V F	**4** V F	**5** V F

Rafael Castillo

1 V F	**2** V F	**3** V F	**4** V F	**5** V F

Narración

You will hear the **narración**, *and then a series of statements. If a statement is true in terms of the* **narración**, *circle* **V** (**verdadero**). *If it is false, circle* **F** (**falso**).

1 V F   3 V F   5 V F   7 V F   9 V F

2 V F   4 V F   6 V F   8 V F   10 V F

Ortografía

1. Los sonidos /s, z/

The **s**-sound in Spanish America is spelled the following ways:[1]

c (*before* **e** *or* **i**)	(**c**entavo, **c**inco)
s	(**c**a**s**a, **s**egún, vi**s**ita, ca**s**o, **s**ubir)
z	(**z**apato, pica**z**ón)

The **z**-sound in Spanish occurs when the letter **s** is followed by a voiced consonant such as **b**, **d**, **g**, **m**, or **n** (e**s** mío, bueno**s** días).

Circle the sound represented in the following words.

1	él sólo	s	z		5	sábado	s	z
2	su tío	s	z		6	difícil	s	z
3	desde	s	z		7	azul	s	z
4	tiza	s	z		8	el centro	s	z

2. El sonido /y/

The **y**-sound is represented as follows:

ll + *vowel*	(**ll**amar, ca**ll**e)
y + *vowel*	(**y**erba, **y**eso)

Note: As a consonant, the letter **y** is found only at the beginning of a word or syllable. As a vowel, **y** is equivalent in sound to Spanish **i**. It occurs as a vowel only when it stands alone or when it is at the end of a word (re**y**).

---

[1]In most parts of Spain, the **z**, or **c** before **e** or **i**, is pronounced like *th* in *thin*.

Circle the sound represented in the following words.

1	yelmo	**y**	**i**		**4**	leyes	**y**	**i**
2	lleno	**y**	**i**		**5**	gallo	**y**	**i**
3	ley	**y**	**i**		**6**	pan y agua	**y**	**i**

Procesamiento de palabras

3. El tiempo presente de verbos regulares

A *Complete the responses to the following questions.*

¿Quién trabaja en la fábrica?

1 Armando _____

2 Yo _____

3 Ellos _____

4 Nosotros _____

5 Daniel y Felipe _____

¿Quién canta en la plaza?

6 Dolores _____

7 Daniel y yo _____

8 Elena y Alicia _____

9 Vosotras _____

10 Él _____

¿Quién come mucho?

11 Yo _____

12 Ella _____

13 Miguel _____

14 Nosotros _____

15 Los estudiantes _____

¿Quién baila la salsa?

16 El profesor _____

17 Ella _____

18 Ellos _____

19 Tú _____

20 Yo _____

¿Quién lee francés?

21 Isabel _____

22 Nosotros _____

23 Él _____

24 Ellos _____

25 Tú y yo _____

¿Quién escribe bien?

26 Joaquín _____

27 Yo _____

28 Nosotras _____

29 Miguel y Alicia _____

30 Vosotros _____

B *Give the Spanish equivalents for the following sentences.*

1 Are you (**usted**) learning Spanish?

_____

2 Luis and Juan live in California.

_____

3 Does Elena speak French too?

_____

4 What are you (**tú**-form) studying?

_____

5 Do they (*m*) read a lot at home?

_____

6 Where do you (**usted**) work?

_____

7 Do you (**tú**-form) dance in class?

_____

8 Do you (**vosotros**) understand Spanish?

_____

4. El tiempo presente de ser, verbo irregular

Fill in the blanks in the answers to the questions with the correct form of the verb **ser**.

1 ¿Es usted de Venezuela?   No, no _____ de Venezuela.

2 ¿Son ellos de España?   Sí, _____ de España.

3 ¿Eres rico?   No, no _____ rico.

4 ¿Son alemanes ustedes?   No, no _____ alemanes.

5 ¿Es rubia ella?   Sí, _____ rubia.

6 ¿Es difícil la clase?   No, no _____ difícil.

7 ¿Son españolas vosotras?   Sí, _____ españolas.

5. *Los adjetivos*

A Adjectives of nationality

Complete the responses.

1 ¿Es de España Carlos?   Sí, __es español.__

2 ¿Es de Portugal ella?   Sí, _____

3 ¿Son de Francia ellas?   No, no _____

4 ¿Es de Inglaterra usted (*f*)?   No, no _____

5 ¿Son de Alemania ustedes (*m*)?   No, no _____

B Agreement of adjectives

Complete the responses.

1 ¿Es usted alto?   No, pero María __es alta.__

2 ¿Son ricos ellos?   No, pero ellas _____

3 ¿Es inglés Alberto?   No, pero Ana _____

4 ¿Son francesas ellas?   No, pero nosotros _____

5 ¿Es guapo él?   No, pero Miguel y Memo _____

6 ¿Eres rico?   No, pero Juan y María _____

C Placement of adjectives

Complete the sentences as indicated by the English cues.

1 (*rich man*) Juan es un _____

2 (*intelligent girls*) María y Marta son _____

3 (*friendly boy*) Pedro es un _____

4 (*tall girl*) Ella es una _____

D Agreement of predicate adjectives

Complete the sentences with the appropriate word from the list below.

  alta   buenos   simpático   ricas

1 Ellas son unas muchachas _____ .

2 Daniel es un chico _____ .

3 Ella es una chica _____ , ¿no?

4 Ellos son unos muchachos _____ .

E Demonstrative adjectives

Complete the sentences as indicated by the English cues.

1 (*this lesson*) Yo estudio __**esta lección.**__

2 (*that house*) Juan vive en _____ .

3 (*those boys*) ¿De dónde son _____ ?

4 (*This man*) _____ es mi profesor.

5 (*That brunette*) _____ es Susana.

F Adjectives used as nouns

Restate the first sentence using an adjective used as a noun.

1 Rafael es rico.   __**El rico se llama Rafael.**__

2 María es rubia.   _____

3 Alberto y Juana son inteligentes.   _____

4 José es alto.   _____

5 Carmen y Susana son españolas.   _____

6. *El verbo irregular* ir

Supply the correct form of the verb **ir**.

1 ¿ _____ usted al banco mañana?

2 Alfredo no _____ a la clase con nosotros.

3 Nosotros no _____ mucho a la playa.

4 ¿ _____ Luisa y Hortensia a la Argentina?

5 ¿ _____ tú con nosotros?

6 Esos muchachos no _____ a la clase.

7. **Ir a** + *infinitivo*

Answer the following questions affirmatively.

1 ¿Va usted a trabajar esta noche?

_____

2 ¿Van a comenzar las clases mañana?

_____

3 ¿Vas a estar en casa esta tarde?

_____

4 ¿Van ustedes a comprar cerveza?

_____

8. *Usos del artículo definido*

Complete the sentences using an appropriate form of the definite article only when required.

1 _____ Rogelio aprende _____ español en la clase.

2 María habla bien _____ francés.

3 Buenos días, _____ doctor Suárez.

4 La clase de _____ español es interesante.

5 _____ mexicanos hablan bien _____ español.

9. El artículo indefinido

A *Fill in the blank with the appropriate form of the indefinite article (**un, una, unos, unas**).*

1 __Una__ chica vive en esta casa.

2 Estudio español con _____ chilenos.

3 _____ mexicanas estudian aquí.

4 _____ profesor colombiano vive aquí.

5 Él es _____ médico muy bueno.

B *Write in the correct indefinite article if one is required.*

1 Mario es _____ estudiante.

2 Soy _____ muchacho muy pobre.

3 Ellas son _____ señoritas altas.

4 Él es _____ norteamericano.

5 No somos _____ chicos tontos.

C *Rewrite the sentence, changing as necessary to accommodate the substituted word.*

El profesor González habla inglés.

1 __La profesora__ mexicana __habla inglés__ .

2 Un _____ .

3 _____ profesora _____ .

4 _____ habla bien _____ .

5 _____ muchachos _____ .

6 _____ estudian _____ .

7 _____ muchacha _____ .

8 Esa _____ .

9 _____ hombres _____ .

10. Usos de ser y estar

Fill in the blank with the appropriate form of **ser** *or* **estar** *as required.*

1 La profesora __está__ en la clase.

2 María _____ de Venezuela.

3 Juan y yo _____ inteligentes.

4 Mari Carmen _____ muy simpática, pero _____ cansada ahora.

5 La clase de español _____ muy interesante.

6 Ana y Carmen _____ secretarias.

7 Pablo no _____ aquí.

8 Yo _____ enfermo hoy.

9 Esta universidad _____ grande.

10 Antonio _____ moreno.

11. Resumen

A *Choose the correct answer and write it in the blank.*

1 Ellos no _____ bien.
   a) come   b) bebes   c) escriben

2 Yo no _____ norteamericana.
   a) Elena   b) soy   c) vivo

3 _____ españoles viven en Madrid.
   a) Estos   b) Estas   c) Ese

4 Ella es _____ profesora _____ .
   a) un . . . bueno   b) una . . . bueno   c) una . . . buena

5 ¿Dónde _____ Mari Carmen?
   a) está   b) esta   c) es

6 Ellos no _____ a la clase mañana.
   a) están   b) viven   c) van

B *Write complete sentences using the appropriate forms of the words given and supplying others as necessary.*

1 Anabel—comprender—alemán

_____

2 yo—no—leer—francés

_____

3 estas—chicas—ser—amigas

_____

4 nosotros—bailar—salsa

_____

4 Jorge—comer—mucho

_____

Expresión individual

12. Complete las frases

1 Ana María no _____ .

2 ¿Quién lee _____ ?

3 Ahora canta _____ .

4 ¿Trabajas tú _____ ?

5 Tú no eres _____ .

13. Forme preguntas

1 Ella es profesora.

¿ _____ ?

2 Los mexicanos comprenden español.

¿ _____ ?

3 Los estudiantes leen francés.

¿ _____ ?

4 Ana María bebe mucho.

¿ _____ ?

5 Gloria está aquí.

¿ _____ ?

14. Preguntas personales

Answer each question with a complete sentence.

1 ¿Qué bebe usted?

_____

2 ¿Son simpáticos los jóvenes de la clase?

_____

3 ¿Y las chicas?

_____

4 ¿Qué idioma comprende usted?

_____

5 ¿Es interesante el español?

_____

6 ¿De dónde es usted?

_____

7 ¿Dónde trabaja usted ahora?

_____

8 ¿Está usted cansado(a)?

_____

9 ¿Qué cantan ustedes en la clase?

_____

10 ¿Es usted inteligente?

_____

Vocabulario

In the blank after the words listed in column A, write the word (or words) from column B that have an opposite meaning.

A	**B**
1 alto _____	amable
2 enfermo _____	bajo
3 morena _____	bien
4 antipática _____	bonita
5 fácil _____	difícil
6 rico _____	flaco
7 inteligente _____	guapa
8 fea _____	pobre
9 gordo _____	poco
10 mucho _____	rubia
	simpática
	tonto

LECCIÓN 3

Laboratorio

¿Lógica o absurda?

*You will hear ten pairs of statements. If the two statements are logically related, circle **L** (**lógica**). If they do not go together, circle **A** (**absurda**).*

1 L A	3 L A	5 L A	7 L A	9 L A
2 L A	4 L A	6 L A	8 L A	10 L A

Notas culturales

*You will hear the **notas**, and then a series of statements. If a statement is true according to the **nota**, circle **V** (**verdadero**). If it is false, circle **F** (**falso**).*

La madre	El padre	La familia	Los apellidos
1 V F	1 V F	1 V F	1 V F
2 V F	2 V F	2 V F	2 V F
3 V F	3 V F	3 V F	
4 V F	4 V F	4 V F	

Lectura

*You will hear the **lectura**, and then a series of statements. If a statement is true according to the **lectura**, circle **V** (**verdadero**). If it is false, circle **F** (**falso**).*

1 V F	3 V F	5 V F	7 V F	9 V F
2 V F	4 V F	6 V F	8 V F	10 V F

Narración

You will hear the **narración**, *and then a series of statements. If a statement is true in terms of the* **narración**, *circle* **V** (**verdadero**). *If it is false, circle* **F** (**falso**).

1 V F 3 V F 5 V F 7 V F 9 V F

2 V F 4 V F 6 V F 8 V F 10 V F

Procesamiento de palabras

1. Verbos que cambian en la raíz (e→ie) (tiempo presente)

A *Supply the form of* **pensar** *suggested by the cue.*

1 (tú) ¿Qué __piensas__ de la clase?

2 (ellos) ¿Qué __piensan__ de la clase?

3 (ellas) ¿Qué __piensan__ de la clase?

4 (nosotros) ¿Qué __pensamos__ de la clase?

5 (yo) __pienso__ ir al cine.

B *Supply the form of* **querer** *suggested by the cue.*

1 (ellas) __Quieren__ ir al centro.

2 (nosotros) __Queremos__ ir al centro.

3 (usted) ¿__Quiere__ ir a Montevideo?

C *Supply the form of* **entender** *suggested by the cue.*

1 (nosotros) __Entendemos__ al profesor.

2 (tú) ¿__Entiendes__ al profesor?

3 (vosotros) ¿No _____ ese idioma?

D *Supply the form of* **comenzar**.

1 La clase ___comienza___ mañana.

2 Yo ___comienzo___ el trabajo esta noche.

3 ¿ ___Comienzan___ ellos esta tarde?

E *Supply the form of* **preferir**.

1 ¿Dónde ___prefiere___ usted estudiar?

2 Yo ___prefiero___ comer ahora.

3 ¿ ___Prefieren___ ustedes aprender español o francés?

4 Nosotros ___preferimos___ aprender español.

F *Write affirmative answers to the following questions.*

1 ¿Piensa usted estudiar esta noche?

___Sí, pienso estudia esta noche.___

2 ¿Entiendes al profesor?

___Sí, entiendo al profesor.___

3 ¿Quieren Ricardo y José María vivir en Montevideo?

___Sí, Ricardo y José María quieren vivir en Montevideo.___

4 ¿Quieren ustedes aprender francés?

___Sí, queremos aprender francés.___

5 ¿Comienzan las clases esta noche?

___Sí, las clases comienzan esta noche.___

6 ¿Prefieren ustedes comer ahora?

___Sí, preferimos comer ahora.___

2. *Los verbos irregulares* tener *y* venir

A *Supply the form of* **tener** *suggested by the cue.*

1 (él)   No __*tiene*__ hermanos.

2 (María)   No __*tiene*__ hermanos.

3 (ellos)   No __*tienen*__ clases mañana.

4 (yo)   No __*tengo*__ clases mañana.

5 (nosotras)   __*tenemos*__ muchos amigos.

6 (vosotros)   _____ muchos amigos.

B *Supply the form of* **venir** *suggested by the cue.*

1 (ellos)   No __*vienen*__ mañana.

2 (él)   No __*viene*__ mañana.

3 (ellas)   ¿ __*vienen*__ a la clase?

4 (tú)   __*Vienes*__ a la clase mañana, ¿no?

5 (vosotros)   ¿ _____ a mi casa esta noche?

C *Give a negative response to the questions that follow.*

1 ¿Tiene usted hermanos?

__No, no tengo hermanos.__

2 ¿Vienen ellas a la clase?

__No, ellas no vienen a la clase.__

3 ¿Vienes a la casa esta tarde?

__No, no vengo a la casa esta tarde__

4 ¿Tienen ustedes clases difíciles?

__No, no tenemos clases difíciles.__

3. Tener que + *infinitivo*

Write the Spanish equivalent.

1 I have to buy a gift.

   Tengo que comprar un regalo.

2 He has to work tomorrow.

   Él tiene que trabajar mañana.

3 We have to study now.

   Tenemos que estudiar ahora.

4 They have to learn Spanish.

   Ellos tienen que aprender español.

5 She has to come tomorrow.

   Ella tiene que venir mañana.

4. La a de persona

Supply an **a** *in the blanks where it is required.*

1 Quiero mucho __a__ mamá.

2 Ellos no quieren _____ venir.

3 No veo __a__ Marcos.

4 María tiene _____ un hermano.

5 Buscamos __a__ Lisa.

6 ¿Quieres comprar _____ un regalo?

7 ¿Entendéis __a__ la profesora?

5. Contracción: a + el→al

Fill in the blanks with **al**, **a la**, **a los**, *or* **a las** *as required.*

1 Ricardo va _**a la**_ oficina.

2 Los estudiantes van _a la_ clase.

3 No, gracias, no voy _al_ centro.

4 Mañana vamos _al_ teatro.

5 Hoy no voy _al_ banco.

6 ¿Tú vas _a la_ biblioteca?

7 Ustedes no van _al_ cine, ¿verdad?

8 ¿Llamas _al_ médico?

9 Hoy vamos _al_ centro y _a la_ universidad.

6. Contracción: de + el→del

Fill in the blanks with **del**, **de la**, **de los**, *or* **de las** *as required.*

1 Vienen _del_ cine muy tarde.

2 Soy amigo _del_ señor Alvarez.

3 ¿Cuándo viene usted _de la_ universidad?

4 ¿Es usted hermano _del_ profesor?

5 Esos libros son _de las_ estudiantes (f).

7. Los números cardinales 1 a 100

Decide which number is required to complete the equation and write its name in the blank.

1 $3 + $ _**cuatro**_ $= 7$

2 $21 - 9 = $ _doce_

3 _trece_ $\times 2 = 26$

4 $4 \times 3 \times 3 = $ _treinta y seis_

5 _cien_ $- 17 = 83$

6 $63 - $ _cincuenta y dos_ $= 11$

7 _Ochenta y cuatro_ $+ 7 = 91$

8 $35 - $ _diez y seis_ $= 19$

9 63 + 11 = _setenta y cuatro_   **11** 18 × 3 = _cincuenta y cuatro seis_

10 _cuarenta y dos_ − 8 = 34   **12** 80 − 15 = _sesenta y cinco_

8. El reloj y la hora

A *Fill in the blanks with the Spanish equivalent of the English words in parentheses.*

1 (*at 6:00*) Voy al centro _a las~~de~~ seis_ .

2 (*it is 10:00*) Ahora _son las dies_ .

3 (*at 4:00*) Vamos al cine _a las~~de~~ cuatro_ .

4 (*it is one o'clock*) Ya _es la una_ .

B *Give the Spanish equivalents of the following.*

1 I'm going at 5 o'clock sharp.

~~tengo~~ Voy a las cinco en~~at~~ punto.

2 What time is it?

¿Qué hora es?

3 It's 4:50 P.M.

Son las cinco menos dies de la tarde

4 Class starts at 8:30 A.M.

La clase comienza a las ocho y media dela mañana

5 I always study at night.

siempre Estudio por~~en~~ la noche.

6 What time are you (**tú**) going home?

¿A qué hora vas a la casa?

9. Días de la semana

A *Write the correct day in the blank.*

1 Si hoy es martes, mañana es _miercoles_ .

2 Si hoy es sábado, mañana es _domingo_ .

3 Si hoy es jueves, mañana es _____ viernes _____.

4 Si hoy es miércoles, mañana es _____ jueves _____.

5 Si hoy es viernes, mañana es _____ sábado _____.

B *Translate into Spanish.*

1 On Tuesdays I have an English class at 9:00 A.M.

_____ Tengo una clase de inglés a las nueve de la mañana los martes. _____

2 We have to study Spanish every day.

_____ Tenemos que estudiar español todo los días. _____

3 Are you (**ustedes**) coming on Saturday?

_____ ¿Vienen el sábado? _____

4 Today is Wednesday.

_____ Hoy es miércoles. _____

5 Fridays are good. Mondays are bad.

_____ Los Viernes son buenos. Los Lunes son malos. _____

10. *El uso de* hay

Write answers to the following questions, spelling out the names of the numbers indicated.

1 ¿Cuántos estudiantes hay en la clase?   (31)

Hay treinta y un estudiantes en la clase.

2 ¿Cuántas muchachas hay en la clase?   (15)

_____ Hay quince muchachas en la clase. _____

3 ¿Cuántos libros hay en el cuarto?   (2)

_____ Hay dos libros en el cuarto. _____

4 ¿Cuántos muchachos hay en la clase?   (13)

_____ Hay trece muchachos en la clase _____

5 ¿Cuántas horas hay en el día?   (24)

_____ Hay veinte y cuatro horas en el día _____

6 ¿Cuántos lápices hay en el cuarto?   (6)

_____ Hay seis lápices en el cuarto. _____

7 ¿Cuántos profesores hay en la clase?   (1)

_____ Hay un profesor en la clase _____

11. Los usos de un, uno y una

Give the Spanish equivalent of the following. (Write out the numbers.)

1 Is there a doctor here?

_____ ¿Hay un médico aquí? _____

2 She has one brother and one sister.

_____ Ella tiene un hermano y una hermana. _____

3 There are 21 students in the class.

_____ Hay veinte y un estudiantes en la clase. _____

4 I am going to buy a gift.

_____ Voy a comprar un regalo. _____

5 She's a good teacher.

_____ Ella es una profesora buena. _____

12. Posesión: los adjetivos posesivos

A *Rewrite the following sentences using an appropriate form of ser plus de.*

1 Hortensia tiene un regalo.

El regalo es de Hortensia.

2 La universidad tiene un hospital.

_____ El hospital es de la universidad. _____

3 Los profesores tienen oficinas.

_____ Las oficinas son de los profesores _____

4 Mi hermano tiene una taberna.

La taberna es de mi hermano.

5 Mis padres tienen una casa grande.

La casa grande es de mis padres

6 Ricardo tiene un restaurante.

El restaurante es de Ricardo.

B *Supply the correct form of the possessive adjectives.*

1 Son los tíos de Luisa. Son ___sus___ tíos.

2 Es el hermano de nosotros. Es ___nuestro___ hermano.

3 Es la amiga de ellos. Es ___su___ amiga.

4 Son los padres de Carlos. Son ___sus___ padres.

5 Es la prima de papá. Es ___su___ prima.

6 Es la casa de Carlos. Es ___su___ casa.

C *Rewrite the sentence, changing as necessary to accommodate the substituted word.*

Mi mamá está en casa.

1 ___Mis___ amigos ___están en casa___ .

2 Nuestro ___amigo está en casa___ .

3 Mi ___amigo___ el centro.

4 ___Mis___ tíos ___están el centro___ .

5 Su ___tío está___ .

6 ___Sus___ hermanas ___están___ aquí.

7 Mis _____ .

13. Resumen

A *Choose the correct answer and write it in the blank.*

1 Tengo cuatro hermanos. Son __**mis hermanos**__ .
   a) mi hermano   b) mis hermanos   c) mi hermana

2 Tú tienes muchos amigos. Son _____*tus amigos*_____ .
   a) sus amigos   b) nuestros hermanos   c) tus amigos

3 Pablo y yo no ___*queremos*___ trabajar.
   a) queremos   b) quieres   c) quieren

4 Nuestros amigos ___*vienen a la*___ fiesta.
   a) vienen al   b) vienen en la   c) vienen a la

5 Ellos son amigos ___*del*___ chileno.
   a) del   b) al   c) de

6 Yo no ___*tengo que*___ trabajar en la universidad.
   a) tengo   b) tiene que   c) tengo que

7 Hay ___*un*___ banco en el centro.
   a) una   b) un   c) uno

B *Write sentences using the appropriate forms of the words given and supplying other words as necessary.*

1 yo—no—ir—comprar—tres—casa

   __**Yo no voy a comprar tres casas.**__

2 ellos—venir—de—Universidad—México

   __*Ellos vienen de la Universida méxico*__

3 Cecilia—entender—cuatro—idioma—y—estudiar—mucho

   __*Cilia entiende cuatro idiomas y estudia mucho.*__

4 Él—tener—estar—universidad—nueve—sábado

   __*El tiene que estar en la universidad a las nueve el*__
   __*sábado*__

C *According to the context of the sentence, select an appropriate verb from the list and write the correct form of that verb in the blank.*

1 ¿ _____Tienes_____ tú cinco hermanos?

2 ¿Cuántas chicas _____hay_____ en la familia?

3 María y Elena _____son_____ amigas del profesor.

4 Yo no _____voy_____ al cine.

5 ¿ _____Entienden_____ ustedes español y francés?

6 Luisa _____quiere____ va a comprar regalos.

7 Sí, yo _____estoy_____ enfermo.

8 Las clases _____comienzan_____ mañana.

9 Nosotros _____tenemos tenemos_____ que trabajar esta noche.

10 ¿ _____Ven_____ ustedes el hospital?

11 Hoy _____es_____ miércoles, ¿no?

aprender
buscar
comenzar
entender
estar
hablar
hay
ir
querer
ser
tener
trabajar
venir
ver

Expresión individual

14. Complete las frases

1 Mi familia _____ .

2 Vamos a _____ .

3 Yo quiero _____ .

4 ¿Cuántos _____ ?

5 ¿Dónde están _____ ?

15. Forme preguntas

1 Mi abuelo está en casa.

¿ _____ ?

2 Roberto tiene muchos amigos.

¿ _____ ?

3 Nuestro amigo está bien.

¿ _____ ?

4 Voy al centro.

¿ _____ ?

5 Sí, quiero ir a México.

¿ _____ ?

16. Preguntas personales

Answer each question with a complete sentence.

1 ¿Quién es usted?

_____

2 ¿Tiene usted una familia grande?

_____

3 ¿Cuántos hermanos y hermanas tiene usted?

_____

4 ¿Cuántas primas tiene usted?

_____

5 ¿Quiere usted mucho a sus amigos?

_____

6 ¿Cuándo va usted al cine?

_____

7 ¿Cómo se llama su abuela?

_____

8 ¿Trabaja usted mucho?

_____

9 ¿Adónde va usted mañana?

_____

10 ¿A qué hora va usted a la clase?

_____

Vocabulario

For each definition or description, find the correct word in the list and write it in the blank next to the definition. Some words will not be needed.

~~abuelo~~	~~domingo~~	madre	~~regalos~~
~~biblioteca~~	~~enfermera~~	~~mujeres~~	taberna
~~buscar~~	~~hermana~~	~~nuestra~~	tarde
~~cafetería~~	hombre	~~pregunta~~	~~tía~~
~~cuántos~~	jueves	~~primo~~	ya
~~día y noche~~	~~letrero~~	pronto	comenzar

1 Your mother's father is your _____ abuelo _____.

2 Where students often eat lunch. _____ cafetería _____

3 How many? ¿ _____ Cuántos _____ ?

4 Two days after Friday. _____ domingo _____

5 Relationship to you of a female child of your father. _____ hermana _____

6 A sign or poster. _____ letrero _____

7 Your father's wife is your _____ madre _____.

8 If we own the tavern, it is _____ nuestra _____ taberna.

9 Your father's sister is your _____ tía _____.

10 Someone who cares for others in a hospital. _____ enfermera _____

11 Already. _____ ya _____

12 If you don't know the answer, then you have one. _____ pregunta _____

13 Place where many books are located. _____ biblioteca _____

14 All the time. _____ *día y noche*

15 Your aunt's son is your _____ *primo* _____ .

16 To look for (something). _____ *buscar* _____

17 What your mother and grandmother are and your father and grandfather can't

be. _____ *mujeres* _____

18 What you like to receive on your birthday. _____ *regalos* _____

LISTENING COMPREHENSION EXAM

Lecciones 1–3

¿Verdadero o falso?

*You will hear five sentences on the tape that are either true or false. If a sentence is true, circle **V** (**verdadero**). If it is false, circle **F** (**falso**).*

1 V F   **2** V F   **3** V F   **4** V F   **5** V F

¿Lógica o absurda?

*You will hear five pairs of statements or questions and answers. If the two are logically related, circle **L** (**lógica**). If they do not go together, circle **A** (**absurda**).*

1 L A   **2** L A   **3** L A   **4** L A   **5** L A

Selección múltiple

*You will hear 35 questions with three answer choices for each, only one of which is correct. Circle the letter (**A**, **B**, or **C**) of the correct choice.*

1 A B C	**8** A B C	**15** A B C	**22** A B C	**29** A B C
2 A B C	**9** A B C	**16** A B C	**23** A B C	**30** A B C
3 A B C	**10** A B C	**17** A B C	**24** A B C	**31** A B C
4 A B C	**11** A B C	**18** A B C	**25** A B C	**32** A B C
5 A B C	**12** A B C	**19** A B C	**26** A B C	**33** A B C
6 A B C	**13** A B C	**20** A B C	**27** A B C	**34** A B C
7 A B C	**14** A B C	**21** A B C	**28** A B C	**35** A B C

LECCIÓN 4

Laboratorio

¿Lógica o absurda?

You will hear ten pairs of statements. If the two statements are logically related, circle **L** *(lógica). If they do not go together, circle* **A** *(absurda).*

1 L A	**3** L A	**5** L A	**7** L A	**9** L A
2 L A	**4** L A	**6** L A	**8** L A	**10** L A

Notas culturales

You will hear the **notas,** *and then a series of statements. If a statement is true according to the* **nota,** *circle* **V** *(verdadero). If it is false, circle* **F** *(falso).*

El sistema educativo

1 V F	**2** V F	**3** V F	**4** V F	**5** V F

Planes para el futuro

1 V F	**2** V F	**3** V F	**4** V F	**5** V F

Lectura

You will hear the **lectura,** *and then a series of statements. If a statement is true according to the* **lectura,** *circle* **V** *(verdadero). If it is false, circle* **F** *(falso).*

1 V F	**3** V F	**5** V F	**7** V F	**9** V F
2 V F	**4** V F	**6** V F	**8** V F	**10** V F

Narración

You will hear the **narración**, *and then a series of statements. If a statement is true in terms of the* **narración**, *circle* **V** *(***verdadero***). If it is false, circle* **F** *(***falso***).*

1 V F	**3** V F	**5** V F	**7** V F	**9** V F
2 V F	**4** V F	**6** V F	**8** V F	**10** V F

Procesamiento de palabras

1. Verbos que cambian en la raíz (e → i)

Fill in the blanks with the proper form of the cue.

1 (seguir) Mi hermano ___sigue___ la carrera de médico.

2 (pedir, ellas) ___piden___ clases difíciles.

3 (decir) ¿Qué ___dicen___ los jóvenes de la universidad?

4 (seguir, nosotros) No ___seguimos___ esa carrera.

5 (decir, tú) ¿Qué ___dices___ de esta clase?

6 (pedir) ¿Cuándo ___piden___ ustedes clases fáciles?

7 (decir, yo) No ___digo___ que soy norteamericana.

2. Verbos que cambian en la raíz (o → ue)

Fill in the blanks with the proper form of the cue.

1 (dormir, yo) Siempre ___duermo___ ocho horas.

2 (dormir, nosotros) No ___dormimos___ en esa clase.

3 (poder, ellos) ___pueden___ saber más si estudian.

4 (poder) Elena y yo ___podemos___ ir a España.

5 (volver) Esa chica no ___vuelve___ mañana.

6 (volver) Si tú no ___*vuelves*___ , no ___*volvemos*___ nosotros.

7 (poder/ir) ¿ ___*Pueden*___ ___*ir*___ ustedes ahora?

8 (almorzar) ¿A qué hora ___*almuerzan*___ ustedes?

3. Los números cardinales de 101 a 1.000.000

Answer the following questions. Write out all numbers.

1 ¿Cuántos son 509 más 213? (722)

___*Son setecientos veinte y dos.*___

2 ¿Cuántas personas hay en esta universidad? (10.459)

___*Hay diez mil cuatrocientas cincuenta y nueve personas*___

3 ¿Cuántas chicas hay en la universidad? (6.891)

___*Hay seis mil ochocientas noventa y una chicas*___

4 ¿Cuántas páginas tiene ese libro? (258)

___*Ese libro tiene doscientas cincuenta y ocho páginas.*___

5 ¿Cuántas personas viven aquí? (1.238.405)

___*Son un millón doscientas treinta y ocho mil cuatrocientas*___
___*y cinco personas viven aquí.*___

6 ¿Cuántos estudiantes aprenden español? (6.540)

___*Seis mil quinientos cuarenta estudiantes aprenden*___
___*español.*___

4. Conocer o saber

Select **conocer** *or* **saber** *and write the proper conjugated verb form in the blank.*

1 (yo) No _sé_ la lección.

2 Ricardo _conoce_ España.

3 Nosotros _sabemos_ hablar español.

4 Nosotros _conocemos_ a todos en la clase.

5 ¿Cuántos de ustedes _saben_ mucho?

6 Felipe no _conoce_ a Teresa.

7 ¿_Conoces_ tú la Argentina?

8 Ella dice que ellos _saben_ muy poco.

9 ¿_Sabe_ Ricardo que es importante estudiar?

10 Alberto no _conoce_ a la amiga de Miguel.

5. *Los pronombres usados como complementos directos*

A *Rewrite each sentence, substituting the appropriate direct-object pronoun for the direct-object noun.*

1 Escuchamos la música.   **La escuchamos.**

2 Necesitamos tiempo.   _Lo necesitamos._

3 Conozco a Mari Carmen.   _La conozco._

4 No sé la lección.   _No la sé._

5 Pido clases difíciles.   _Las pido difíciles._

6 Ven al profesor.   _Lo ven._

7 Decís la verdad.   _La decís._

B *Answer the following questions, substituting a direct-object pronoun for the direct-object noun.*

1 ¿Estudia Alicia su lección?

   Sí, la estudia.

2 ¿Vas a aprender español?

   Sí, voy a aprenderlo. *or* **Sí, lo voy a aprender.**

3 ¿Ramón escribe las cartas?

   Sí, las escribe.

4 ¿Vas a leer el libro?

   Sí, voy a leerlo.

5 ¿Tienes el lápiz de Ramón?

   Sí, lo tengo.

6 ¿Leen ustedes libros de historia?

   Sí, los leemos

7 ¿Siempre pides dinero?

   Sí, siempre lo pido

8 ¿Escribes las cartas ahora?

   Sí, las escribo ahora.

9 ¿Van ellos a comprar el regalo hoy?

   Sí, van a comprarlo. hoy.

10 ¿Quieres mucho a tus abuelos?

   Sí, los quiero mucho.

11 ¿Comienza Alfredo el trabajo hoy?

   Sí, lo comienza hoy.

12 ¿Ya tienes tus libros?

   Sí, ya los tengo

C *Give the Spanish equivalent. (The direct-object pronouns in the sentences should agree with the cues given in parentheses.)*

1 *We need it.* (dinero)   Lo necesitamos.

2 *I love you.* (tú)   Te quiero.

3 *They don't study it.* (lección)   No la estudian.

4 *We don't know her.*   No la conocemos.

5 *I can't speak it.* (alemán)   ~~No lo hablo~~   No lo puedo hablar.

6 *She doesn't want to see me.*   Ella no me quiere ver.

6. Resumen de palabras interrogativas

A *Write questions in Spanish using the cues below and any other necessary words.*

ENGLISH	SPANISH
1 How? / sister / to be	¿Cómo está tu hermana?
2 Where? / tavern / to be	¿Dónde ~~está~~ está la taberna?
3 Who? / not / to come	¿Quién no viene?
4 Whose? / pencils / to be	¿De Quiénes son los lápices?
5 From where? / Felipe / to be	¿De Adónde ~~está~~ es Felipe?
6 What? / they / to study	¿Que estudian?
7 How many? / dollars / she / to have	¿Cuantos dólares tiene?
8 Why? / you (**tú**-form) / to ask	¿Porqué preguntas?
9 (To) where? / you (**tú**-form) / to go	¿Adonde vas?
10 Which, Which one? / your (**tú**-form) shirt / to be	¿Cual ~~Qué~~ es tu camisa?

B *Choose the correct answer and write it in the blank.*

1 ¿___Adónde___ va Eduardo?
   a) De dónde   b) Cuál   c) Adónde

2 ¿___De quién___ es el libro?
   a) Cuándo   b) De quién   c) Por qué

3 ¿___Cuándo___ quiere usted comer?
   a) Quién   b) De dónde   c) Cuándo

4 ¿___Cuál___ es tu casa?
   a) Cuál   b) Dónde   c) Adónde

7. Resumen

Fill in the blanks with an appropriate word (noun, verb form, etc.).

1 ¿Quién ___Conoce___ a María?

2 No tengo su libro. Ella ___lo___ tiene.

3 Las clases ___comienzan___ a las 7:00 de la mañana.

4 En esta universidad hay ___tres___ estudiantes.

5 Tenemos clase de español todos ___los___ días.

6 ¿___Cuál___ es tu libro?

7 ¿___De quién___ es este libro?

8 ¿___Sigue___ usted una carrera de matemáticas?

9 Ella dice que no ___sabe___ si viene mañana o no.

10 Pido materias difíciles porque ___yo las___ quiero estudiar.

11 Ella quiere mucho a Roberto y va a ver-___lo___ ___el___ sábado.

12 ¿___Habla___ usted bien?

8. Complete las frases

1 Mis clases _____.

2 Almorzamos _____.

3 Siempre duermo _____.

4 Conozco _____.

5 Estudio la lección _____.

9. Forme preguntas

1 Sí, las clases son muy difíciles.

¿ _____?

2 Duermo hasta las nueve los domingos.

¿ _____?

3 No, no veo la televisión todos los días.

¿ _____?

4 Escucho la radio todas las noches.

¿ _____?

5 Gustavo estudia la historia de Bolivia.

¿ _____?

10. Preguntas personales

Write complete answers to the following questions.

1 ¿Son fáciles sus materias de la universidad?

_____

2 ¿Cuál es su número de teléfono?

_____

3 ¿Cuándo ve usted la televisión?

_____

4 ¿Quién duerme día y noche?

_____

5 ¿A qué hora va usted a la biblioteca?

_____

6 Hoy es domingo, ¿verdad?

_____

7 ¿Cuándo va a estudiar usted la lección?

_____

8 ¿Cuándo va usted al cine?

_____

9 ¿Trabaja usted los domingos?

_____

10 Este libro es muy interesante, ¿no?

_____

Vocabulario

Find the words from Lesson 4 that fit the definitions and write them in the blanks. Then try your skill at finding the words in one of the three **SOPA DE LETRAS** grids. In Grid A the words are arranged horizontally or vertically only. In Grid B the words are listed horizontally, vertically, or diagonally. Grid C presents the words horizontally, vertically, or diagonally in either normal or inverted letter-order. (Note: Accent marks are not given.)

1 A person who repairs automobiles. _mecánico_

2 The opposite of *lazy*. _ambicioso_

3 Science of matter and motion. _física_

4 The act of using computers. _computación._

5 A small sidewalk shop or store. _tienda_

6 Where one might go to leave on a trip. _aeropuerto._

7 A word that means *place*. _localidad_

8 Which one?, What? _Cuál, Qué_

9 To find (something). _encontrar_

10 A place where astronauts have visited. _luna_

11 A single leaf of a book. _página_

12 End-product of taking a picture. _foto_

13 To know (someone). _conocer_

14 Someone who takes care of the medical needs of animals. _veterinario_

15 To cost, to be worth. _costar_

16 Means *to return*. _volver_

17 To be able (to do something). _poder_

18 Science dealing with chemicals and their properties. _química_

19 Someone who specializes in sewing and dressmaking. _modista_

20 Degree sought by engineering students. _ingeniería_

Sopas de letras

A

```
C R N P T L M O D I S T A I M
O E N C O N T R A R F T J N E
M Q U I M I C A K V V J G G C A
P P O D E R D Q Y E O M A E A N
U M F O T O T R E T L U E N N I
T E Q J V C N U A E V M R I I C
A X R X Q L X I M R E O O E C O
C X T P R U F U B I R F P R O
I C I A I N L H I N J Z U I Q
N N N I I S N F I R R U R K H
V O D N C U A L O I C X T F X
N C A A Q K A S O L I O A P
G E O F M F S E O C O S T A R
B R W R K Z L O C A L I D A D
```

B

```
T M C F U V O L V E R Y H R I C N B E I
F H A P A C S T Z G X R P I P U L F P P
Q Z Z V S A K T K G I G F U I T H W I H
T A M E Q I M I C O S T A R S Y P Q C F
P E O T R F K E N C O N T R A R B S R I
A W D E T O U U O G L D R C U I H E Z S
G I I R I T A T Y V E M D U Q P V C T I
I D S I F O Q I Z R G N A I K Q Q B N C
N M T N D Y I E U S A C I O Z T W O W A
A S A A J Y Q N Z H I E D E W M I Q L M
B O Y R V B A D W M C A R C R C Y A T B
N K T I I T E A I J D T Y O A I U F V I
U F Y O Y Z A U D I Z I H T P C A Y I C
M M W U P N Q R L F F S U C O U O J A I
P K V A U R E A Q R P P I E F N E U S O
O X T L Q C C B H E M B V B F M G R B S
D F J X O O V I K O M E C A N I C O T O
E X U N L S Q J C W S V D O W E V M G O
R P O A A U A B X Q G W C A A G V H S V
W C P G K X B K M S D D F D W D N V M R
```

C

```
G I G N V F N Z E W K B T X X C L M D E H U H A N
W N E M O D I S T A F P X R A R E D O P W L W G P
M I W T W S L G H Z K P R X N Y X T R J H G Y K X
P O T R E M O C I N A C E M I P H J V M K H B Q B
T S U A Y B Y P A Z N W T C G H G D M E N H J C J
W Z G Z O Q F T I A L F C V A H N T C I N B S H Z
I Q O F Z C Y Y H L O V R E P O R T U F O I W B F
L Q K D F V V K A J C O R Z B S A A A S A E B A L
B R G I F Y S P K O A H V S T O H I O G M V Z F R
H U Z O O W Z T S P S H A M U V B I G S R A R S E
N A E T T V E T E R I N A R I O C F I S I C A F V
X L I R O T A Q B S U L M Z X I S K X T C G Q V L
A S I E Y R Y D R L Q S A N B W O D H A U K K M O
G X Y U S C O L A L N M Q M D Z N Z S C M P Z C V
B M L P V L X D R O L H A S R A C I M I U Q O C Y
I Z B O Q A T Y T V M T R O A E I N D T Q M L O Y
S D B R W T X W N U G E I W M Q L R B J P J Y N M
M G F E J A V P O B W U Z A S I A W E U E B U O N
Y M D A D I L A C O L A D N E I T F T I V J S C O
N V L S T P W Y N I O L H L N I X A U N N H H E Z
J N S M A P M M E G P K K T Y R C H P C V E T R F
V J M O S U J W T J M S M K F I C U A L L B G P E
L O W V S I J W X T U D M P O H O J V Z E X U N Q
N H M A Q D X U E E X E D N R V P G D X S Q Z C I
T Y X R L Z H H L E X O T Y R Z I H U T A L Y S R
```

LECCIÓN 5

Laboratorio

¿Lógica o absurda?

*You will hear ten pairs of statements. If the two statements are logically related, circle **L** (**lógica**). If they do not go together, circle **A** (**absurda**).*

1 L A   3 L A   5 L A   7 L A   9 L A

2 L A   4 L A   6 L A   8 L A   10 L A

Notas culturales

*You will hear the **notas**, and then a series of statements. If a statement is true according to the **nota**, circle **V** (**verdadero**). If it is false, circle **F** (**falso**).*

En Norteamérica

1 V F   2 V F   3 V F

En Latinoamérica

1 V F   3 V F   5 V F   7 V F

2 V F   4 V F   6 V F

Lectura

*You will hear the **lectura**, and then a series of statements. If a statement is true according to the **lectura**, circle **V** (**verdadero**). If it is false, circle **F** (**falso**).*

1 V F   3 V F   5 V F   7 V F

2 V F   4 V F   6 V F   8 V F

Narración

You will hear the **narración**, *and then a series of statements. If a statement is true in terms of the* **narración**, *circle* **V** (**verdadero**). *If it is false, circle* **F** (**falso**).

1 V F   3 V F   5 V F   7 V F   9 V F

2 V F   4 V F   6 V F   8 V F   10 V F

Procesamiento de palabras

1. Expresiones del tiempo, las estaciones y los meses del año

A *Write answers in Spanish as suggested by the English cues.*

1 ¿Qué tiempo hace hoy? (*windy*)

~~Hoy~~ hace viento. hoy.

2 ¿Está húmedo hoy? (*no*)

~~Hoy~~ no está humedo. hoy

3 ¿Hace frío en su estado en el invierno? (*yes*)

Sí, hace frío en mi estado en el invierno.

4 ¿Cuándo hace mucho sol? (*August*)

Hace mucho sol en agosto.

5 ¿Está nublado hoy? (*no*)

No, no está nublado hoy

6 ¿Hay viento? (*yes*)

Sí, hay viento.

7 ¿En qué meses llueve mucho? (*June and July*)

Llueve mucho en junio y julio.

8 ¿Dónde hay nieve en Chile? (*in Portillo*)

Hay nieve en Portillo en Chile.

9 ¿Hay mucho sol hoy? (*yes*)

Sí, hay mucho sol hoy.

10 ¿Qué temperatura hay? (*20 degrees*)

Hay hay veinte grados. de temperatura.

B *Write the Spanish equivalent.*

1 What's the weather like in September?

¿Qué tiempo hace en septiembre?

2 Is it overcast today?

¿Está nublado hoy?

3 It's very cool today.

Está muy fresco frío hoy.

4 In what season is the weather hot?

¿En qué estación hace calor?

5 Is it very hot in April?

¿Hace calor en abril?

6 It's bad weather today.

Está mal tiempo hoy.

7 Do you like to ski in the winter?

¿Quieres esquí en el invierno?

8 I don't like it when it's windy.

No quiero cuando está viento.

9 What's the weather like in the spring?

¿Qué tiempo hace en la primavera?

10 It's always cold in January.

Siempre está frío en enero.

11 Is it cool today?

Está frío hoy.

12 Does it snow a lot in the winter in Colorado?

¿ Hace mucho nieve en el invierno en Colorado?

13 What is today's date?

¿ Qué es la fecha hoy?

14 Today is the twentieth of May.

Hoy es veinte de mayo.

15 What day of the month is it?

¿ Qué es el día de la mesa?

16 The temperature in Portillo is 10 degrees centigrade.

La temperatura en portillo es diez grados centígrados.

2. El verbo dar to give (tiempo presente)

Supply the correct form of dar.

1 Yo no le ___doy___ un regalo.

2 Jorge le ___da___ su libro a Alfredo.

3 ¿Me ___da___ usted más tiempo?

4 Ellos no nos ___dan___ dinero.

5 ¿Qué le ___das___ (tú) a María?

3. Pronombres usados como complementos indirectos

A *Underline the indirect object in the following English sentences.*

1 Will you lend <u>me</u> your book?

2 I gave <u>Jason</u> twenty dollars.

3 Send <u>her</u> my address, please.

4 Write <u>us</u> when you can.

5 We gave <u>him</u> the gift.

B *Fill in each blank with the proper form of the indirect object.*

1 A él __le__ escriben muchas cartas.

2 A mí _____ ~~les~~ me escriben muchas cartas.

3 Usted ___les___ presta unos libros a los estudiantes.

4 Él ___nos___ presta un lápiz a nosotros.

5 ¿Tú ___le___ escribes una carta a mi hermano?

6 Él quiere hablar-___les___ a ellos.

C *Underline the indirect object in each sentence. Then rewrite the sentence, substituting the appropriate indirect-object pronoun for the indirect-object noun.*

1 Presto el sobretodo a <u>mi amigo</u>.

  Le presto el sobretodo.

2 ¿Escribes cartas a <u>Elena</u>?

  ¿Le escribes cartas?

3 Hablamos <u>a Roberta</u> todos los días.

  Le Hablamos todos los días

4 No quiero escribir a <u>mi tía</u>.

  No le quiero escribir

5 Cuando no tenemos lápiz, ella presta uno a <u>nosotros</u>.

  Cuando no tenemos lápiz, ella nos presta uno.

D *Answer the questions according to the cues, using indirect-object pronouns.*

1 ¿Quiere usted hablarle al profesor? (Sí)

  Sí, quiero hablarle al profesor.

2 ¿Quién te presta un lápiz? (Marta)

  Marta me presta un lápiz

3 ¿Les escribe mucho a ustedes su abuela?   (No)

No, no nos escribe mucho

4 ¿Cuándo le escribes a tu novio(a)?   (los domingos)

Le escribo a mi novio los domingos

5 ¿Cuándo te escribe ella (él)?   (los miércoles)

Me escribe los miércoles.

E *Give the Spanish equivalent.*

1 She wants to talk to me.

Ella me quiere hablar.

2 Do you (**tú**) write him every Sunday?

¿Le escribes los domingos?

3 When he doesn't have a coat, I lend him one.

Cuando él no tiene un sobretodo, yo le presto.

4 He doesn't buy us gifts.

Él no nos compra relagos.

F *Fill in each blank with the prepositional-object pronoun suggested by the English cue.*

1 (*her*)   A __ella__ le leen el libro.

2 (*him*)   Ellos lo hacen para _a él_ .

3 (*them*, all feminine)   Queremos hablarles a _ellas_ .

4 (*us*, mixed group)   Nos escriben una carta a _nosotros_ .

5 (*you*, singular formal)   Le compramos los regalos a _usted_ .

6 (*me*)   Mañana ella va con-_migo_ .

4. Construcciones de complementos indirectos con **gustar**, **parecer** y **faltar**

A *Rewrite the sentence, changing as necessary to accommodate the substituted words.*

A mí me gusta el clima de aquí.

1 A ella *le gusta el clima de aquí* .

2 *A ella le gustan* estos libros.

3 A nosotros *nos gustan estos libros* .

4 *A nosotros nos gusta* el frío.

5 A ti *te gusta el frío.* .

6 A Gloria y a Anabel no *les gusta el frío.* .

B *Write questions for the answers given below. (Use the **tú**-form.)*

1 No, no me falta dinero.

¿Te falta dinero?

2 Sí, a mis hermanas les gusta esquiar.

¿Les gusta esquiar a tus hermanas?

3 Sí, me parece que va a nevar.

¿Te parece que va a nevar?

4 Me parece muy buena la clase.

¿Te parece ~~muy~~ buena la clase?

5 No, no nos falta tiempo.

¿Nos falta tiempo?

C *Write the Spanish equivalent.*

1 I like this school.

   A mí me gusta esta escuela.

2 I like it, too.   (school)

   a mé me gusta, también.

3 We need (lack) books.

   Nos faltan libros.

4 The climate seems cold to her.

   El clima le parece frío (a ella).

5 We don't like to buy gifts.

   No nos gustan comprar regalos.

6 He needs friends, not money.

   Él le faltan amigos, no dinero.

5. *Expresiones con* tener

Write the Spanish equivalent.

1 I'm sleepy.

   Tengo sueño.

2 I'm afraid.

   Tengo miedo.

3 I'm in a hurry.

   Tengo prisa

4 I'm jealous.

   Tengo celos.

5 I'm right.

   Tengo razón.

6 I'm thirsty.

   Tengo sed

7 I'm 25 years old.

   Tengo veinte y cinco años.

6. Resumen

Choose the correct response and write it in the blank.

1 Ella no quiere prestar-___*me*___ su sobretodo.
   a) me   b) lo   c) mí

2 ¿Qué tiempo hace hoy? ___*Está fresco.*___
   a) Hoy es lunes.   b) Son las tres y media.   c) Está fresco.

3 ¿Qué te parece mi sobretodo? ___*Me gusta mucho*___
   a) Me gusta mucho.   b) Sí, me parece.   c) Mi sobretodo es nuevo.

4 Ellos le escriben a Teresa pero a ___*mí*___ no me escriben.
   a) mí   b) mi   c) yo

5 Él es joven. ___*Tiene*___ 11 años.
   a) Es   b) Tiene   c) Está

6 ¿ ___*Les*___ escribes mucho a sus padres?
   a) Nos   b) Ellos   c) Les

Expresión individual

7. Complete las frases

1 ¿Cuántos años _____ ?

2 Hace frío _____ .

3 A mí _____ .

4 Tengo _____ .

5 Me _____ .

8. Forme preguntas

1 Sí, me gusta el tiempo hoy.

¿ _____ ?

2 Hay nieve en el invierno.

¿ _____ ?

3 Tengo diecinueve años.

¿ _____ ?

4 Mi cumpleaños es en el mes de mayo.

¿ _____ ?

5 No, no me gusta cuando hace calor.

¿ _____ ?

9. Preguntas personales

1 ¿Tiene usted sed?

_____

2 ¿Qué le parece el tiempo de aquí?

_____

3 ¿A ti te gusta cuando está fresco?

_____

4 ¿Quieres prestarme cinco dólares?

_____

5 ¿Qué tiempo hace cuando está nublado?

_____

6 ¿A qué temperatura hierve el agua?

_____

7 ¿Le escribes una carta a tu familia todas las semanas?

_____

_____

8 ¿Va él contigo al centro?

_____

9 ¿Estás cansado(a)?

_____

10 ¿Por qué tenemos frío?

_____

11 ¿A cuántos estamos hoy?

_____

12 ¿Qué le falta a usted?

_____

13 Usted quiere ir conmigo, ¿verdad?

_____

14 ¿Hace frío en julio?

_____

15 ¿Hace calor ahora?

_____

16 ¿Le gusta esquiar?

_____

17 ¿Qué estación le gusta más?

_____

18 ¿A ustedes les gusta el letrero?

_____

Vocabulario

In each blank write as many vocabulary items as you can think of from Lesson 5 that relate in some way to the word given. The number of words possible ranges from one for certain items to eight or more for others. You may need to check the **Vocabulario** section at the end of the textbook for the meaning of some of the words given.

1 beber _____

2 frío _____

3 bonito _____

4 invierno _____

5 centígrado _____

6 montañas _____

7 agua _____

8 descanso _____

9 dormir _____

10 nubes _____

11 comida _____

12 julio _____

13 esquiar _____

14 país _____

15 primavera _____

LECCIÓN 6

Laboratorio

¿Lógica o absurda?

*You will hear ten pairs of statements. If the two statements are logically related, circle **L** (**lógica**). If they do not go together, circle **A** (**absurda**).*

1 L A   3 L A   5 L A   7 L A   9 L A

2 L A   4 L A   6 L A   8 L A   10 L A

Notas culturales

*You will hear the **notas**, and then a series of statements. If a statement is true according to the **nota**, circle **V** (**verdadero**). If it is false, circle **F** (**falso**).*

Al mediodía

1 V F   3 V F   5 V F

2 V F   4 V F

En la noche

1 V F   3 V F   5 V F

2 V F   4 V F

Las comidas

1 V F   3 V F   5 V F

2 V F   4 V F

Lectura

You will hear the **lectura**, and then a series of statements. If a statement is true according to the **lectura**, circle **V** (**verdadero**). If it is false, circle **F** (**falso**).

1 V F   3 V F   5 V F   7 V F

2 V F   4 V F   6 V F   8 V F

Narración

You will hear the **narración**, and then a series of statements. If a statement is true in terms of the **narración**, circle **V** (**verdadero**). If it is false, circle **F** (**falso**).

1 V F   3 V F   5 V F   7 V F   9 V F

2 V F   4 V F   6 V F   8 V F   10 V F

Procesamiento de palabras

1. La construcción reflexiva

A Indicate the reflexive pronoun which corresponds to each verb form.

1 __me__ afeito

2 __nos__ lavamos

3 __se__ sientan

4 __te__ levantas

5 __se__ acuesta

6 __se__ quedan

7 __te__ vistes

8 __nos__ sentamos

9 __me__ despierto

10 __te__ afeitas

B Fill in the blanks with the proper form of the verb as indicated by the cues.

1 (levantarse) Mi hermano __se levanta__ a las siete.

2 (lavarse, yo) __me lavo__ las manos.

3 (acostarse, nosotros) __nos acostamos__ antes de las once.

4 (afeitarse, ellos) __se afeitan__ rápido.

74   LECCIÓN 6

5 (sentarse, tú) _____te sientas_____ en el parque.

6 (vestirse, yo) Siempre _____me visto_____ antes de desayunar.

7 (despertarse) Enrique _____se despierta_____ temprano.

8 (quedarse) Mis amigas _____se quedan_____ en casa.

C *Give the Spanish equivalent of the following sentences.*

1 I go to bed at 11:00. _____Me acuesto a las once_____

2 I dress rapidly. _____Me visto rápidamente._____

3 We always sit here. _____Siempre nos sentamos aquí_____

4 He washes his hands. _____Se lava las manos_____

5 He shaves early. _____Se afeita temprano._____

2. *El presente con el gerundio (la construcción progresiva)*

Fill in the blanks with the proper form of the verb.

1 (hablar) Están _____hablando_____ en la clase.

2 (aprender) Estoy _____aprendiendo_____ rápido.

3 (leer) Estamos _____leyendo_____ el libro.

4 (cantar) Emilio está _____cantando_____ con ellas.

5 (poner) Estás _____poniendo_____ el libro en la mesa.

6 (estudiar) Los niños están _____estudiando_____ ahora.

7 (escribir) Estoy _____escribiendo_____ la carta.

8 (trabajar) Estamos _____trabajando_____ .

9 (dormir) Elena está _____durmiendo_____ ahora.

10 (comer) ¿Estáis _____comiendo_____ vosotros?

3. Posición de pronombres reflexivos y complementos con el gerundio

A Change the following constructions, using the present participle.

1 Le hablo a Elena.   __Estoy hablándole a Elena.__ _or_ __Le estoy hablando a Elena.__

2 Me afeito ahora.   _Estoy me afeitando ahora._

3 Se viste ahora.   _Estas se vistiendo ahora._

4 La estudio ahora.   _La Estoy estudiando ahora_

5 Me baño ahora.   _Estoy bañándome ahora_

6 Me lavo las manos.   _Estoy lavándome las manos._

7 Les escribo la carta.   _Estoy escribiéndoles la carta._

B Write complete sentences using the appropriate forms of the following words and supplying others as necessary.

1 nosotros—estar—hablar—lo—bien

   __Nosotros estamos hablándolo muy bien ahora.__ _or_

   __Lo estamos hablando muy bien ahora.__

2 Elena—estar—escribir—la

   Elena está escribiéndola.

3 Él—estar—lavarse—manos

   Él está lavándose las manos.

4 Estudiante—estar—comer—los

   El estudiante está comiéndolos.

5 Ramón—estar—ponerse—sobretodo

   Ramón está poniéndose un sobretodo.

6 Padres—estar—cantar—casa

   Mis padres están cantando en la casa.

4. Verbos irregulares con la primera persona en -go

A Fill in the blank with the correct form of the appropriate verb (**hacer**, **poner**, **salir** o **traer**), then wr.
an original answer to the question.

1 ¿Qué ___*hace*___ usted los sábados?

___~~Hago dormir~~ *Duermo los sábados.*___

2 ¿A qué hora ___*sale*___ usted de la casa por la mañana?

___*Salgo a las siete y media.*___

3 ¿Dónde ___*pones*___ (tú) tus libros?

___*Pongo mis libros en casa.*___

4 ¿ ___*Salen*___ ustedes de la clase a las tres?

___*Salemos a las tres.*___

5 ¿De dónde ___*trae*___ usted eso?

___*Lo Traigo de mi casa*___

6 (nosotros) ¿Cuándo ___*hacemos*___ los trabajos?

___*Hacemos*___

B Fill in the remainder of the chart with the appropriate conjugated forms.

	hacer	poner	salir	traer
yo	**hago**	pongo	salgo	traigo
él	hace	pone	salge	trae
tú	haces	**pones**	sales	traes
nosotros	hacemos	ponemos	salgimos	traemos
ellas	hacen	ponen	**salen**	traen
usted	hace	pone	sale	trae
vosotros				**traéis**

...wing questions as suggested by the English cues.

...d los libros por la noche? (*on the table*)

_____ n la mesa. _____

...e primero de la casa, usted o su compañero(a)? (*I*)

_____ Salgo primero de la casa. _____

3 ¿Qué hacen ustedes por la tarde? (*study*)

_____ Estudiamos por la tarde. _____

4 ¿Salen sus amigos a comer? (*yes*)

_____ Si, salen a comer. _____

5 ¿Sale usted con ellos? (*no*)

_____ no, no salgo con ellos _____

6 ¿Qué hace usted después de esta clase? (*sleep*)

_____ Duermo después de esta clase _____

7 ¿Trae usted los libros a la biblioteca? (*yes*)

_____ Si, traigo los libros. _____

5. Hay que *y* tener que

Give the Spanish equivalent.

1 One should get up early.

_____ Hay que se levantar temprano _____

2 I have to go to bed at 9 o'clock.

_____ Tengo que acostarme a las nueve. _____

3 Do you (**usted**) have to work tomorrow?

_____ ¿Tiene que trabajar mañana? _____

4 One should work a lot.

_____ Hay que trabajar mucho _____

5 One should arrive early at class.

_____ *Hay que llegar temprano a la clase.* _____

6 I have to rest a minute (**un minuto**).

_____ *Tengo que descansar un minuto* _____

6. Verbos con significado distinto en el reflexivo

Write answers to the following questions according to the cues.

1 ¿Se van los estudiantes ahora? (*yes*)

_____ *Sí, los estudiantes se van ahora.* _____

2 ¿Se duerme usted inmediatamente cuando se acuesta? (*no*)

_____ *No, no me duermo immediatamente cuanto me acuesto.* _____

3 ¿Quién siempre se lleva mis libros? (*your* [**su**] *friend*)

_____ *Su amigo siempre se lleva sus libros* _____

4 ¿Qué se pone usted cuando hace frío? (*an overcoat*)

_____ *me pongo un sobretodo cuando hace frío* _____

5 ¿Se lo come todo usted? (*yes*)

_____ *Sí, me lo como todo.* _____

7. Los complementos indirectos y directos usados en secuencia

A *Rewrite the sentences, substituting a direct-object pronoun for the underlined words.*

1 Martín me presta su carro.

_____ **Martín me lo presta.** _____

2 Te traigo los vestidos.

_____ *Te los traigo -* _____

3 Mi novio me escribe las cartas.
        las

_____

4 ¿Quién le compra el traje?

se lo

_____

5 Ellos nos prestan la ropa.

la

_____

6 Le traigo el anillo mañana.

se lo

_____

7 El banco no me presta el dinero.

lo

_____

8 Tienes que traerle la falda antes de las ocho.

traérsela

_____

9 ¿Quieres prestarme los aretes?

los

_____

10 Él siempre le compra regalos.

se los

_____

B *Write answers to the following questions using both indirect- and direct-object pronouns in sequence.*

1 ¿Me vendes el carro hoy?

Sí, te lo vendo hoy.

2 ¿Nos trae usted el periódico?

Sí, se lo traigo.

_____

3 ¿Les compramos las blusas ahora a ellas?

Sí, se las compramos ahora a ellas.

4 ¿Quién me presta un sombrero?   (Alberto)

Alberto te lo presta.

5 ¿Me compras medias, por favor?

Sí, te las compro.

6 ¿Queremos prestarle dinero a Alfredo?

Sí, queremos prestárselo a Alfredo.

7 ¿Me lavas estos pantalones?

Sí, se los lavo.

8 ¿Nos prestan ustedes los libros?

Sí, se los prestamos.

9 ¿Puede usted traerme la comida?

Sí, ~~puedo traértela~~ se la traigo

10 ¿Le compra usted el anillo a su novio(a)?

Sí, se lo compro.

C *Answer, using object pronouns when appropriate.*

1 ¿Les da usted dinero a sus hermanos? (Sí)

Sí, se lo doy.

2 ¿Qué te dan tus padres? (un regalo)

Mis padres me lo dan.

3 ¿Cuándo les dan ustedes dinero a los pobres? (en diciembre)

Se lo damos en diciembre.

4 ¿Qué le da su novio(a) a usted para su cumpleaños? (un anillo)

Mi novio me lo da para mis cumpleaños.

8. *Repaso*

A Direct-object pronouns—review

Rewrite the following sentences, replacing the direct object with the appropriate form of the direct-object pronoun.

1 Leo el libro. <u>**Lo leo.**</u>

2 Compro el regalo. _Lo compro_

3 Veo a la señorita. _La veo._

4 Tengo el lápiz. _Lo tengo_

5 Estoy escribiendo la lección. _____Estoy escribiéndola._____

6 Estamos aprendiendo español. _____Estamos aprendiéndolo._____

B Indirect-object pronouns—review

Insert the appropriate indirect-object pronoun.

1 __Le__ doy el libro.   (a Juan)

2 __Nos__ gusta mucho el español.
(a nosotros)

3 __Me__ prestan los libros.   (a mí)

4 __Les__ damos dinero.   (a ellos)

5 Mi mamá __le__ escribe muchas
cartas.   (a papá)

6 Siempre __les__ hablo en español.   (a mis hermanos)

9. Resumen

Choose the correct response and write it in the blank.

1 ¿Conoces ese libro? Sí, _____ estoy leyendo ahora.
a) le   b) lo   c) se

2 ¿Quieren ustedes comprar-_____ un regalo?
a) lo   b) los   c) le

3 ¿Me prestas esta falda? No, no _____ presto.
a) te lo   b) me la   c) te la

4 ¿A qué hora se levantan ustedes? _____ a las seis.
a) Nos levantamos   b) Nos levantan   c) Se levantan

5 Parece que ella _____ enferma.
a) se siente   b) lo siento   c) se sienta

Expresión individual

10. Complete las frases

1 ¿Se lava _____?

2 ¿Tiene usted que _____?

3 ¿Qué haces _____?

4 ¿Jorge se va _____ ?

5 ¿Hay que _____ ?

11. *Forme preguntas*

1 Me levanto a las seis.

¿ _____ ?

2 Sí, las muchachas se visten rápido.

¿ _____ ?

3 Estoy escribiéndole una carta.

¿ _____ ?

4 Después de levantarme, me baño.

¿ _____ ?

5 Descanso todos los días.

¿ _____ ?

12. *Preguntas personales*

Answer each question with a complete sentence.

1 ¿A qué hora se levanta usted?

_____

2 ¿Hay que afeitarse día y noche?

_____

3 ¿Cuándo tienes que ir a casa?

_____

4 ¿Cuándo se lavan ustedes las manos?

_____

5 ¿Qué están leyendo ustedes?

_____

6 ¿Se levantan ustedes tarde los sábados?

_____

7 ¿Dónde se duerme Rebeca?

_____

8 ¿Se afeita tu novio(a)?

_____

9 ¿Están ustedes aprendiendo a esquiar?

_____

10 ¿Cuándo se viste usted?

_____

11 ¿Estás leyendo el periódico?

_____

12 ¿Quieren ellos estudiar portugués?

_____

13 ¿Tenemos que trabajar todos los días?

_____

14 ¿Hay que lavarse las manos antes de desayunar?

_____

15 ¿A qué hora se levantan tus padres?

_____

Vocabulario

Crucigrama

Complete the **crucigrama** as suggested by the cues, using vocabulary items from Lesson 6. Use all capital letters, without accent marks.

HORIZONTALES

1 An inexpensive mode of transportation.
2 Result of losing one's balance.
3 More useful if you have two that match.
4 Said of someone with rather poor memory.
5 A popular place on Sunday.
6 Ear adornment worn mostly by women.
7 Where one reads the news of the day.
8 Your father is your mother's _____ .

VERTICALES

1 Occasion accompanied by joy and tears.
9 Where one would take a bath.
10 To eat the morning meal.
11 The way Alfredo gets dressed.
12 Exchanged during the wedding ceremony.
13 Opposite of **encontrar**.
14 Worn to hold one's pants up.
15 Generally considered as women's apparel.
16 Generally worn by men to church.
17 Prefer to do after long day's work.
18 Opposite of **rápido**.
19 To have a good time.

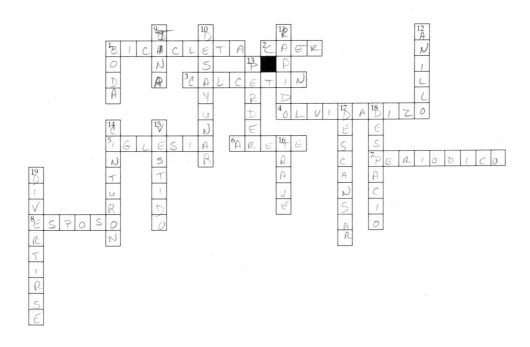

LISTENING COMPREHENSION EXAM

Lecciones 4–6

¿Verdadero o falso?

You will hear five sentences on the tape that are either true or false. If a sentence is true, circle **V** (**verda-dero**). *If it is false, circle* **F** (**falso**).

1 V F   2 V F   3 V F   4 V F   5 V F

¿Lógica o absurda?

You will hear five pairs of questions and answers. If the two are logically related, circle **L** (**lógica**). *If they do not go together, circle* **A** (**absurda**).

1 L A   2 L A   3 L A   4 L A   5 L A

Selección múltiple

You will hear 35 questions with three answer choices for each, only one of which is correct. Circle the letter (**A**, **B**, *or* **C**) *of the correct choice.*

1 A B C	8 A B C	15 A B C	22 A B C	29 A B C
2 A B C	9 A B C	16 A B C	23 A B C	30 A B C
3 A B C	10 A B C	17 A B C	24 A B C	31 A B C
4 A B C	11 A B C	18 A B C	25 A B C	32 A B C
5 A B C	12 A B C	19 A B C	26 A B C	33 A B C
6 A B C	13 A B C	20 A B C	27 A B C	34 A B C
7 A B C	14 A B C	21 A B C	28 A B C	35 A B C

LECCIÓN 7

Laboratorio

¿Lógica o absurda?

You will hear ten pairs of statements. If the two statements are logically related, circle **L** *(**lógica**). If they do not go together, circle* **A** *(**absurda**).*

1 L A   3 L A   5 L A   7 L A   9 L A

2 L A   4 L A   6 L A   8 L A   10 L A

Notas culturales

You will hear the **notas**, *and then a series of statements. If a statement is true according to the* **nota**, *circle* **V** *(**verdadero**). If it is false, circle* **F** *(**falso**).*

El sastre y la modista

1 V F   2 V F   3 V F   4 V F

El modo de vestir de los estudiantes hispánicos

1 V F   2 V F   3 V F

La forma de vestir de los deportistas

1 V F   2 V F   3 V F

Lectura

You will hear the **lectura**, *and then a series of statements. If a statement is true according to the* **lectura**, *circle* **V** *(**verdadero**). If it is false, circle* **F** *(**falso**).*

1 V F   3 V F   5 V F   7 V F   9 V F

2 V F   4 V F   6 V F   8 V F   10 V F

Narración

You will hear the **narración**, and then a series of statements. If a statement is true in terms of the **narración**, circle **V** (**verdadero**). If it is false, circle **F** (**falso**).

1 V F   3 V F   5 V F   7 V F   9 V F

2 V F   4 V F   6 V F   8 V F   10 V F

Procesamiento de palabras

1. El presente de subjuntivo—verbos regulares

Give the present-subjunctive forms indicated by the cues.

1 (vivir, él) _____ viva _____

2 (trabajar, yo) _____ trabaje _____

3 (escribir, ellos) _____ escriban _____

4 (comer, nosotros) _____ comamos _____

5 (cantar, ella) _____ cante _____

6 (aprender, tú) _____ aprendas _____

7 (comprar, ustedes) _____ compren _____

8 (permitir, ellas) _____ permitan _____

9 (escuchar, usted) _____ escuche _____

10 (entrar, vosotros) _____ ~~entr~~ _____

2. El presente de subjuntivo en cláusulas sustantivas

A Using the present subjunctive, form a single sentence from the parts given.

1 Ellos compran comida para la fiesta. Quiero que . . .

   Quiero que compren comida para la fiesta.

2 Teresa lleva sandalias. Su mamá no quiere que . . .

   lleve

3 Alberto vive en mi casa. Sus amigos dudan que . . .

   viva

4 Ellos entran ahora. Les pido que . . .

   entren

5 Elena no canta con nosotros. Sentimos que . . .

cante

6 Mi papá se preocupa mucho. Prefiero que no . . .

preocupe

7 Su compañero escucha la radio toda la noche. Siento que . . .

escuche

8 Él se baña por la mañana. Insisten en que . . .

bañe

B *Write that you want the following people to do the things indicated.*

1 Manuel—levantarse más temprano

Quiero que Manuel se levante más temprano.

2 Cristina—estudiar la lección

_____

3 ellos—llamar a la policía

_____

4 Ricardo—hablar español en la clase

_____

5 Alberto—leer ese libro

_____

6 Alicia—comprarme un regalo

_____

7 mi novia—llevar jeans

_____

C *Give the Spanish equivalent of the following.*

1 I want you (**tú**) to sell my car.

_____

2 He wants us to speak Spanish.

_____

3 Do you (**tú**) want me to write to you?

_____

4 She doesn't want me to work tonight.

_____

5 Don't you (**usted**) want us to listen to the radio?

_____

3. *El presente de subjuntivo de algunos verbos irregulares*

A *Complete the sentence using the appropriate present-subjunctive form of the verb indicated.*

1 (venir) Insistimos en que ellos __vengan__ a clase.

2 (decir) Quiero que usted me _____ todo.

3 (venir) Teresa duda que su novio _____ temprano.

4 (hacer) ¿Quiere usted que yo _____ el trabajo?

5 (ponerse) Quiero que tú no te _____ esas sandalias.

6 (traer) Dudamos que ellos _____ comida para todos.

B *Unscramble the following sentences and rewrite them so that they make sense. Then give the English equivalent.*

1 verdad digan me quiero que la

<u> **Quiero que me digan la verdad.** </u>

<u> **(I want them to tell me the truth.)** </u>

2 ¿ de clase usted salgamos que espera temprano ?

_____

_____

3 ¿ qué ustedes hagamos quieren que ahora ?

_____

_____

4 la ella me que dudo acompañe fiesta a .

_____

_____

5 dinero novia tenga mi siente no yo que más .

_____

_____

6 estudiemos noche profesores que día y insisten los en .

_____

_____

4. Mandatos formales de usted y ustedes

A *Write answers to the following questions using an affirmative* **usted**-*command.*

1 ¿Compro esos jeans?

   Sí, compre esos jeans.

2 ¿Digo la verdad?

   _____

3 ¿Salgo ahora?

   _____

4 ¿Vengo mañana?

   _____

5 ¿Vuelvo más tarde?

   _____

6 ¿Voy con ellos?

   _____

B *Write Spanish equivalents of the following commands.*

1 Write the letter today. (**usted**)

   Escriba la carta hoy.

2 Speak Spanish, please. (**ustedes**)

   _____

3 Study the lesson tonight. (**ustedes**)

   _____

4 Bring your book to class. (**usted**)

   _____

5 Don't sleep in class. (**usted**)

   _____

6 Don't put those sandals on the table. (**usted**)

   _____

5. Posición de complementos con mandatos

A *Write answers to the following questions, first using an affirmative* **usted**-*command and then using a negative* **usted**-*command.*

1 ¿Le doy el libro a Francisco?

   Sí, déselo.

   No, no se lo dé.

2 ¿Le doy los trajes a usted?

_____

_____

3 ¿Le presto las medias a María?

_____

_____

4 ¿Le traigo a usted las camisas esta mañana?

_____

_____

5 ¿Le escribo la carta a ella hoy?

_____

_____

6 ¿Le hablo pronto a él?

_____

_____

B *Change the following affirmative commands to negative commands.*

1 Escríbame una carta, por favor.

   No me escriba una carta.

2 Déle el zapato.

_____

3 Préstele el cinturón.

_____

4 Léanos el periódico.

_____

5 Tráigame las camisas.

_____

C *Answer the following sentences with a command, either affirmative or negative. Be sure to position the object and/or reflexive pronouns correctly.*

1 ¿Quiere usted que me lave las manos?

   __Sí, láveselas.__ *or* __No, no se las lave.__

2 ¿Quiere usted que le traiga el periódico?

   _____

3 ¿Quiere usted que le dé mi libro?

   _____

4 ¿Quiere usted que me ponga este sobretodo?

   _____

5 ¿Quiere usted que me acueste temprano?

   _____

6 ¿Quiere usted que me duerma en clase?

   _____

D *Write affirmative and negative answers to the following questions.*

1 ¿Le doy los libros a Marta?

   __Sí, déselos.__

   __No, no se los dé.__

2 ¿Le presto la falda a tu amiga?

   _____

   _____

3 ¿Le doy el dinero a ella?

   _____

   _____

4 ¿Les presto las camisas a sus amigos?

   _____

   _____

5 ¿Les traigo los vestidos a ellas?

   _____

   _____

6. Resumen

A *Write the correct choice in the blank.*

1 ¿Ella no quiere que tú le _____ .
   a) hablas   b) hable   c) hables

2 Quiero ir a la fiesta. Pues, _____ .
   a) vaya   b) va   c) ir

3 Dudo que Elena _____ mucho.
   a) estudia   b) estudies   c) estudie

4 ¿Cuándo le traigo la comida? _____ ahora.
   a) Me la traiga   b) Tráigamela   c) Se la traiga

5 Ellos insisten en que _____ temprano.
   a) nos levantemos   b) nos levantamos   c) levantarnos

6 Sí, quiero que ustedes _____ a las 7:00.
   a) vengan   b) venir   c) vienen

7 Insisto en que lo _____ ahora.
   a) hace   b) haces   c) hagas

8 ¿Cuándo vuelve ella? _____ mañana.
   a) vuelve   b) vuelva   c) vuelvo

9 Dudo que mi novio me _____ bien.
   a) comprender   b) comprende   c) comprenda

10 ¿Me da usted esos libros? Sí, _____ en un momento.
   a) se los doy   b) démelos   c) se los das

B *Choose an appropriate verb from the list and fill in the blank with the correct form of that verb. There may be more than one correct answer.*

1 Dudo que Teresa y Elena _____ a la fiesta.	comer
	dar
2 Ellos _____ que va a ser una buena fiesta.	decir
	escribir
3 Siento mucho que ellas no _____ ir.	hablar
	hacer
4 ¿Qué vamos a _____ en la fiesta?	ir
	levantarse
5 ¿Quieren que nosotros _____ la comida?	ponerse
	preparar
6 Sí, ellos piden que nosotros la _____ .	querer
	saber
7 ¿ _____ tú a qué hora comemos?	salir
	ser
8 Dicen que _____ que comer después del programa.	tener
	terminar
9 Quieren que todos _____ trajes o vestidos elegantes.	trabajar
	traer
10 No quieren que la fiesta _____ hasta muy tarde.	

7. Complete las frases

1 No puedo _____

2 No tengo _____

3 Juan me _____

4 Estudie usted _____

5 Escriba usted _____

8. Forme preguntas

1 No, no quiero prestárselos.

¿ _____ ?

2 Se lo doy mañana.

¿ _____ ?

3 Sí, me lo pongo ahora.

¿ _____ ?

4 No, no quiero que ellos me lo digan.

¿ _____ ?

5 Sí, dudo que ella venga.

¿ _____ ?

9. Preguntas personales

Answer each question with a complete sentence.

1 ¿Se acuesta usted tarde o temprano el día de su cumpleaños?

_____

2 ¿Quiere usted que su novio(a) la (lo) invite al cine?

_____

3 ¿Quiere usted lavarse las manos ahora?

_____

4 ¿Le doy mis libros?

_____

5 ¿Cuándo tenemos que probarnos los vestidos?

_____

6 ¿Me trae usted el libro?

_____

7 ¿Quiere usted que sus amigos vayan al baile de gala?

_____

8 ¿Por qué no se levanta usted temprano?

_____

9 ¿Vengo mañana?

_____

10 ¿Prefiere usted que todos digan la verdad?

_____

Vocabulario

Find the words from Lesson 7 that fit the definitions and write them in the blanks. Then try your skill at finding the words in one of the three **SOPA DE LETRAS** grids. In Grid A the words are arranged horizontally or vertically only. In Grid B the words are listed horizontally, vertically, or diagonally. Grid C presents the words horizontally, vertically, or diagonally in either normal or inverted letter-order.

1 What style-conscious people are concerned about. _____

2 Material that ties are often made of. _____

3 Something supposedly kept between two people. _____

4 What one should do with a dress before purchasing it. _____

5 When inviting another to come in, one would say, "¡ _____ !"

6 Often occurs at Latin American parties. _____

7 A joyous time of year. _____

8 Two. _____

9 Footwear worn mainly in the summertime. _____

10 Found at the end of your leg. _____

11 Means *to disbelieve.* _____

12 Said as a greeting to someone who is eating: **¡Buen** _____ !

13 A specific blood line. _____

14 Opposite of **primero**. _____

15 Animal that likes bananas. _____

Sopas de letras

A

```
S T G N L E D A P T Q N C F E
A F U L T I M O D A R N P P B
N T L F T J K J G D Q Y M R A
D M T R E U E Q J V C N U O I
A M X R X Q X I O P X F A V L
L U F L H J Z Q M R G Y D E E
I N A V I D A D V O G S E C N
A F R U K H V C S B X F L H X
S N Q K A L I A E A P G A O O
F M P M R F D S C R E B N W R
K O A Z A R U T R S X U T L J
G N R E Z M D Q E E U Y E P O
I O P B A K A S T N P P I E W
J U I B G M R M O F V V D X C
Y U Y K O G K G S E D A D U M
```

B

```
P I P U L F P P Q Z Z S M A K T E K G I
G F U I T H W I H T A Q O I M T S Y P Q
C E R K B S R W T U U O N L N D R C U I
H E Z I I R A Z A A Y V O A M D U Q P V
C T D F Q Z R G I K Q Q L B M D Y I U S
O S Z T W W S J Y Q S E Z H W M Q B O Y
V B E A W C C Y T A D N K T I T E J T Y
F V U D F Y Y Z I A B D Z I H Y I M M W
U U P F A F S L C O O A J A K V A R Q R
P L I E F N A P U S S X I T Q N B H E B
V B T F M D G R B F E J X L V A I K X U
S Q J I N P R O V E C H O D E V W S V D
O W E A M V M B G P R A A U U I A B X Q
G W S C A O A A G V E H S D V D W P G K
X B K M S D D R F D T W D A P A R N V M
R G Z X X S B S L J O C J R P D D D N X
X V X I J D D E T W E L T P F M O D A M
E D J X H U T L F O W O F I B F V E K M
K D T P G J B L C W C J I E K K I L E B
H W G W P N X G K U M J E G I G N V F N
```

C

```
P H J V M K H B Q B T S U A Y B Y P A Z N W T C H
G D M E N H J C J W Z G Z O Q F T I A L F C V H N
T C I N B S H Z I Q O F Z C Y Y H L O V R E O R T
U F I W B F L Q K D P F V V K A J O R Z B S A A A
A E B A L B R G I Y S I P K A H V S T O H I G M V
Z F H U Z W Z T P S H M E U V B G S R A R S N O A
E F X L I T Q B S L M Z X S K X T C G Q V A S N I
Y Y D Q S A N W O D H A U K K M G X Y S C A D O M
O L L E N M Q D Z N Z S C M P Z B M L V L X D M O
L H S T R Y I Z B Q A T Y V M T R O A E N D T Q L
Y S D N B W E T X W U G E I W M Q L B J J Y M M G
F J A A V P B L W U Z A S I A W E B U N Y M F V J
S O N L V L S T I P W Y I O L P H L N I X U N H H
Z J N E S M A P M A M G P K A K T Y R H P C V T F
A V J D M O S U J W B T J R M S M K F L B P O E L
O D D A D I V A N R W V S I J W X T U D A M H P H
O J E V Z E X U A Q N O H M A Q E D X Z U E C E X
E D R S V O P D G D X S T Q Z C T S A Y X R E L Z
H H L E M X U O T Y R Z I E H U T R R A L Y V S R
T W X I O D S T S L Q T O Z R U E V U A E X O V P
D I T R H Q Y N T R G G H L G C P L L S B U R N K
C L X J R O F S A N D A L I A S E U O N O O P N T
U U G V J H Z L U I G E Z Y S S U S G L U C R L Q
P H C K M T C B H V Q O D J U J O T F E C T Q P J
I X X D O Z P E O I Y P V T G X Z I K I Q L H W Y
```

LECCIÓN 8

¿Lógica o absurda?

You will hear ten pairs of statements. If the two statements are logically related, circle **L** (**lógica**). *If they do not go together, circle* **A** (**absurda**).

1 L A   3 L A   5 L A   7 L A   9 L A

2 L A   4 L A   6 L A   8 L A   10 L A

Notas culturales

You will hear the **notas**, *and then a series of statements. If a statement is true according to the* **nota**, *circle* **V** (**verdadero**). *If it is false, circle* **F** (**falso**).

Los piropos

1 V F   3 V F   5 V F

2 V F   4 V F   6 V F

El cortejo y el compromiso

1 V F   2 V F   3 V F   4 V F

El matrimonio

1 V F   2 V F   3 V F

Lectura

You will hear the **lectura**, *and then a series of statements. If a statement is true according to the* **lectura**, *circle* **V** (**verdadero**). *If it is false, circle* **F** (**falso**).

1 V F   3 V F   5 V F   7 V F

2 V F   4 V F   6 V F   8 V F

Narración

You will hear the **narración**, *and then a series of statements. If a statement is true in terms of the* **narración**, *circle* **V** (**verdadero**). *If it is false, circle* **F** (**falso**).

1 V   F   **3** V   F   **5** V   F   **7** V   F   **9** V   F

2 V   F   **4** V   F   **6** V   F   **8** V   F   **10** V   F

Procesamiento de palabras

1. *El pretérito—verbos regulares e irregulares*

A *Rewrite the sentences, changing the main verb from the present to the preterit.*

1 Vives en Monterrey.

   Viviste en Monterrey.

2 Hablan inglés.

_____

3 Aprendemos la lección.

_____

4 Escribo las cartas.

_____

5 Canta en la fiesta.

_____

6 Compramos ropa en esa tienda.

_____

7 Hablas con el embajador.

_____

8 Él responde rápido.

_____

9 Comen a las cinco.

_____

10 Me levanto tarde.

_____

11 Ella está en Nueva York.

_____

12 Tengo que ir al baile de gala.

_____

13 Sabemos que usted es amiga de Eduardo.

_____

14 ¿Te pones el sombrero antes de salir?

_____

15 No pueden cenar con nosotros.

_____

16 Elena no quiere verme.

_____

17 Hacemos el trabajo en casa.

_____

18 ¿Vienes a la fiesta?

_____

19 Estoy con mis amigos de California.

_____

20 Sabe que Miguel es norteamericano.

_____

B *Form complete sentences using the words given. Use the preterit form of the verb and supply other words as necessary.*

1 Ayer—no—poder—salir—casa.

Ayer no pude salir de la casa.

2 Hoy—novia—venir—casa.

_____

3 Padre—hacer—trabajo—anoche.

_____

4 Niños—no—querer—poner—zapatos.

_____

5 Nosotros—estar—enfermos—ayer.

_____

6 Luis—tener—estudiar—ayer.

_____

7 Amigos—no—venir—casa—anoche.

_____

C *Answer the questions in a past-tense reference, according to the cues.*

1 ¿Vas al banco hoy?   (ayer)

No, fui ayer.

2 ¿Cuándo van ustedes a estudiar la lección?   (anoche)

_____

3 ¿Van ellos a terminar hoy?   (ayer)

_____

4 ¿Va a levantarse Eduardo ahora?   (ya)

_____

5 ¿Van a escribirte tus padres?   (la semana pasada)

_____

6 ¿Cuándo va a salir él?   (el lunes pasado)

_____

7 ¿Cuándo vienen sus amigos de Monterrey?   (ayer)

_____

8 ¿Vas a comer?   (ya)

_____

9 ¿Cuándo van a hacer ustedes los trabajos de la clase?   (anoche)

_____

10 ¿Tiene ella que venir mañana?   (ayer)

_____

2. *Verbos con significado distinto en el pretérito*

Write Spanish equivalents for the following sentences.

1 John was able to leave early.

   Juan pudo salir temprano.

2 We found out last night.

_____

3 I refused to eat it (**lo**).

_____

4 Teresa didn't find out the truth.

_____

5 He didn't want (refused) to put on his shirt?

_____

6 He wasn't able to fall asleep.

_____

7 We wanted (and tried) to come to the party.

_____

3. *El pretérito de* ir y ser

Using context, determine the English equivalent of the underlined word and write it in the blank.

1 Ella <u>fue</u> conmigo. <u> went </u>

2 ¿Quién <u>fue</u> el profesor de la clase? _____

3 ¿<u>Fueron</u> ustedes amigos?   _____

4 ¿<u>Fueron</u> ellos al cine anoche?   _____

5 <u>Fuimos</u> compañeros de cuarto.   _____

6 <u>Fuimos</u> a la clase.   _____

4. *Los negativos* tampoco, nunca, nada

A *Answer the questions first in the affirmative and then in the negative.*

1 ¿Comió usted esta tarde?

    <u>Sí, comí algo.</u>

    <u>No, no comí nada.</u>

2 ¿Estudiaron ustedes anoche?

_____

_____

3 ¿Vio usted a alguien en el parque?

_____

_____

4 ¿Vendieron ustedes mucho ayer?

_____

_____

5 ¿Hicieron ustedes algunos viajes a España?

_____

_____

B *Complete the sentences using* **también** *or* **tampoco** *plus the form of the verb required by the cue.*

1 No fui al trabajo.

Pablo ___**no fue tampoco.**___

2 Ellos vinieron tarde.

Nosotros ___**vinimos tarde también.**___

3 Carlos se lavó las manos.

Ella _____

4 Luis no se afeitó.

Tú _____

5 Me levanté temprano.

Ana _____

6 Yo no recibí dinero.

Mi hermano _____

5. *El presente de subjuntivo—repaso*

A *Say that you prefer that the following things not occur.*

1 Ella siempre baila con todos en las fiestas.

___**Prefiero que ella no baile con todos en la fiesta.**___

2 Susana sale a las cinco.

_____

3 Eduardo habla de sus otras amigas.

_____

4 Mónica y Cecilia estudian en la biblioteca.

_____

5 Raúl va al cine todos los sábados.

_____

6 Esteban y Benito son perezosos.

_____

B _Restate each sentence using the cues in parentheses._

1 Quiero ir de paseo.   (que ella)

   __**Quiero que ella vaya de paseo.**__

2 No quieren levantarse temprano.   (que yo)

_____

3 Quiero descansar.   (que tú)

_____

4 Julio prefiere ir más tarde.   (que ustedes)

_____

5 Esperamos hacer el trabajo hoy.   (que Julio)

_____

6 Sentimos no tener tiempo para responder.   (que vosotros)

_____

6. Resumen

Complete the following paragraph, writing in each blank the correct preterit form of the verb indicated.

¡Al fin (1) _____ a casa! Eduardo me

(2) _____ si yo (3) _____ bien. Le

(4) _____ que sí. Luego él (5) _____

y yo me (6) _____ , me (7) _____ y

me (8) _____ en seguida.

1. ir, nosotros
2. preguntar
3. comer
4. responder
5. salir
6. bañarse
7. acostarse
8. dormir

Expresión individual

7. Complete las frases

1 _____ anoche.

2 Dudo que usted _____ .

3 _____ tampoco.

4 Fui _____ .

5 _____ nada ayer.

8. Forme preguntas

1 Fui al cine porque me gusta.

   ¿ _____ ?

2 Sí, me gustó el baile.

   ¿ _____ ?

3 Me levanté a las siete.

   ¿ _____ ?

4 Sí, le escribí.

   ¿ _____ ?

5 Trabajé cinco horas ayer.

   ¿ _____ ?

9. Preguntas personales

Answer each question with a complete sentence.

1 ¿No quiso su hermano acostarse temprano?

   _____

2 ¿Dónde estuvo usted ayer?

   _____

3 ¿Por cuántas horas estuviste en casa de tu novio(a) anoche?

_____

4 ¿Por qué tuviste que ponerte el sombrero?

_____

5 ¿Por qué no pudo usted leer la lección anoche?

_____

6 ¿Dónde pusiste los libros cuando llegaste a casa anoche?

_____

7 ¿Nunca quieren ustedes ir de paseo?

_____

8 ¿No hiciste el trabajo tampoco?

_____

Vocabulario

In the blanks next to the words in column A write words of the same, or nearly the same, meaning (synonyms) from Lesson 8. In the blanks of column B, write words of opposite meaning (antonyms). You may need to consult the **Vocabulario** at the end of the textbook for the meaning of some of the unfamiliar words listed below.

A	B
1 prueba _____	**1** preguntar _____
2 tierra _____	**2** posible _____
3 proverbio _____	**3** muchos _____
4 solo _____	**4** mañana _____
5 comienzo _____	**5** feliz _____
6 periódico _____	**6** futuro _____
7 acabar _____	**7** reír _____

A	B
8 planeta _____	**8** siempre _____
9 catástrofe _____	**9** comedia _____
10 magnífico _____	**10** alguien _____

LECCIÓN 9

Laboratorio

¿Lógica o absurda?

*You will hear ten pairs of statements. If the two statements are logically related, circle **L** (**lógica**). If they do not go together, circle **A** (**absurda**).*

1 L A   3 L A   5 L A   7 L A   9 L A

2 L A   4 L A   6 L A   8 L A   10 L A

Notas culturales

*You will hear the **notas**, and then a series of statements. If a statement is true according to the **nota**, circle **V** (**verdadero**). If it is false, circle **F** (**falso**).*

Los platos típicos

1 V F   3 V F   5 V F   7 V F

2 V F   4 V F   6 V F   8 V F

¡Psssssst! ¡Mozo!

1 V F   2 V F   3 V F   4 V F

¡A la mesa, por favor!

1 V F   2 V F   3 V F   4 V F

Lectura

You will hear the **lectura**, and then a series of statements. If a statement is true according to the **lectura**, circle **V** (**verdadero**). If it is false, circle **F** (**falso**).

1 V F   3 V F   5 V F   7 V F   9 V F

2 V F   4 V F   6 V F   8 V F   10 V F

Narración

You will hear the **narración**, and then a series of statements. If a statement is true in terms of the **narración**, circle **V** (**verdadero**). If it is false, circle **F** (**falso**).

1 V F   3 V F   5 V F   7 V F   9 V F

2 V F   4 V F   6 V F   8 V F   10 V F

Procesamiento de palabras

1. El pretérito de los verbos que cambian en la raíz

A *Rewrite the sentences, changing the verbs to the preterit.*

1 ¿A qué hora vuelves?

  ¿A qué hora volviste?

2 Ellos piden churrascos.

_____

3 Servimos la cena a las nueve.

_____

4 Alejandro nunca pide postre.

_____

5 Luz me sirve churrasco.

_____

6 ¿Se acuestan temprano ustedes?

_____

7 Paco se divierte en el restaurante.

_____

8 Mis amigos prefieren ir a La Cabaña.

_____

9 Jorge duerme mucho.

_____

10 Muchos mueren en el Líbano (*Lebanon*).

_____

B *Answer the following in the preterit. Use object pronouns where possible.*

1 ¿Durmió usted bien anoche?   (no)

_____

2 ¿A qué hora se acostaron ustedes anoche?   (11:30)

_____

3 ¿En qué año murió el General Francisco Franco?   (1975)

_____

4 ¿Les sirvieron pan con el churrasco a ustedes?   (sí)

_____

5 ¿Pidió usted postre?   (sí)

_____

6 ¿Volvieron ustedes antes de medianoche?   (no)

_____

7 ¿Qué le pidió a usted su novio(a) anoche?   (un regalo)

_____

8 ¿Te divertiste en el baile la semana pasada?   (sí)

_____

9 ¿Cuántas horas durmió su compañero(a) de cuarto anoche?   (nueve)

_____

10 ¿Qué prefirió usted comer la última vez que fue a un restaurante?   (churrasco)

_____

2. *Verbos irregulares en el pretérito:* **decir, traer, dar, leer, creer, oír *y* construir**

A *Rewrite the sentences, changing the verbs to the preterit.*

1 Les decimos la verdad.

_____

2 ¿Te traigo las tortillas?

_____

3 ¿Me da el menú?

_____

4 Leen las cartas inmediatamente.

_____

5 Tomás no me cree.

_____

6 No oigo la música bien.

_____

7 ¿Quiénes construyen esas casas?

_____

8 ¿Trae usted comida?

_____

9 Le doy cinco dólares por ese libro.

_____

10 ¿Qué le dices a María?

_____

B *Answer the following in the preterit. Use object pronouns where possible.*

1 ¿Quién les trajo el menú a ellos?   (el mozo)

_____

2 ¿Dijeron ustedes que les gustó la comida?   (sí)

_____

3 ¿Le dieron ustedes una propina?   (sí)

_____

4 ¿Leyó usted el periódico?   (no)

_____

5 ¿Oiste algo?   (no)

_____

6 ¿Leyeron la lección sus amigos de la clase?   (sí)

_____

7 Él dijo que fue a la fiesta. ¿Lo creyó usted?   (sí)

_____

8 ¿Construyó usted su casa?   (no)

_____

3. Cambios ortográficos en el pretérito de verbos que terminan en -car, -gar, -zar

A *Rewrite the sentences, changing the verbs to the preterit.*

1 No toco el piano.

    __**No toqué el piano.**__

2 Le entrego la revista.

_____

3 Comienzo temprano.

_____

4 Llego a las once.

_____

5 Busco el restaurante La Cabaña pero no lo encuentro.

_____

6 Empiezo después de la reunión.

_____

B *Answer the following questions in the preterit, using object pronouns where possible.*

1 ¿Quién llegó a la clase primero hoy, usted o el profesor?   (yo)

_____

2 ¿A qué hora empezó esta clase?   (9:00 A.M.)

_____

3 ¿Buscó usted algo en particular anoche?   (un libro de historia)

_____

4 ¿Tocó usted el piano en la fiesta el sábado pasado?   (sí)

_____

5 ¿Comenzó usted a esquiar el invierno pasado?   (sí)

_____

4. El imperativo de tú—formas regulares e irregulares

A *Rewrite the sentences, changing the* **usted**-*command form to a* **tú**-*command form.*

1 Escriba usted la carta.

    Escribe la carta.

2 Coma usted las tortillas.

_____

3 Hable usted con Martín.

_____

4 Lea usted esa carta.

_____

5 Compre usted unas naranjas.

_____

6 Pida usted jugo de naranja.

_____

7 Beba usted esa leche.

_____

8 Diga usted la verdad.

_____

9 Salga usted de aquí.

_____

10 Ponga usted sus libros en la mesa.

_____

B *Answer the questions in the negative using an appropriate* **tú***-command.*

1 ¿Puedo ir mañana con mis amigos?

  <u>No, no vayas con ellos.</u>

2 ¿Puedo pedir postre?

  _____

3 ¿Puedo comprar una hamburguesa?

  _____

4 ¿Puedo poner los libros aquí?

  _____

5 ¿Puedo venir temprano?

  _____

6 ¿Puedo comenzar ahora?

  _____

7 ¿Puedo responder a la pregunta?

  _____

8 ¿Puedo comer ahora?

  _____

9 ¿Puedo decir las razones?

  _____

10 ¿Puedo tomar algo?

  _____

C *Reply using an* **usted-** *or* **tú***-command appropriately.*

1 Usted no es simpático.

  Sea simpático.

2 No eres simpático.

  Sé simpático.

3 Vienes tarde.

  <u>**No vengas tarde.**</u>

4 No tienes cuidado.

  _____

5 Usted no dice la verdad.

  _____

6 Usted duerme mucho.

  _____

7 Usted no come todo.

  _____

8 Lees esos periódicos.

  _____

9 Usted va al cine todos los días.

  _____

10 Usted trae muchos regalos.

  _____

5. La colocación de complementos con el imperativo—repaso

A *Answer the following questions both affirmatively and negatively, using* **tú***-command forms.*

1 ¿Les doy el jugo?

  <u>**Sí, dánoslo.**</u>

  <u>**No, no nos lo des.**</u>

2 ¿Me pongo los zapatos?

  _____

  _____

3 ¿Te compro esa blusa?

  _____

  _____

4 ¿Te digo la verdad?

  _____

  _____

5 ¿Te despierto a las seis?

_____

_____

7 ¿Te leo el menú?

_____

_____

6 ¿Como las hamburguesas?

_____

_____

B _Translate the following using **tú**-command forms._

1 Shave before breakfast, Carlos.

_____

2 Wash your hands, Amanda.

_____

3 Don't get up early.

_____

4 Don't sit there, please.

_____

5 Give him the tip.

_____

6 Don't lend them the money.

_____

7 Put on your hat, Rodolfo.

_____

8 Try on this dress, Carmen.

_____

9 Don't write them a letter this week.

_____

10 Go to bed before midnight.

_____

6. El subjuntivo en cláusulas sustantivas—repaso

Choose the appropriate verb and write the correct form in the blank.

1 (pasar/conocer) ¿Quieres que yo _____ por ti mañana?

2 (recordar/escribir) ¿Esperas que tu novio _____ tu compleaños?

3 (estar/decir) Quiero que ustedes me lo _____ .

4 (comenzar/conocer) Ellos quieren que nosotros _____ temprano.

5 (prestar/poder) Dudo que ellos _____ hacerlo para mañana.

6 (ser/venir) Nos gusta que ustedes _____ todos los días.

7 (perder/sentirse) No quiero que ellas _____ mal.

7. Resumen

A *Respond to the following questions and directions.*

1 ¿Le diste cinco dólares a tu compañero(a) de cuarto esta mañana? (no)

_____

2 ¿Se divirtieron ustedes anoche? (Sí, mucho.)

_____

3 Dígale a su amigo que no vaya a la fiesta esta noche.

_____

4 ¿Durmió usted bien anoche?   (un poco)

_____

5 ¿A qué hora llegó usted a la clase hoy?   (ocho en punto)

_____

6 ¿A qué hora se despertó usted esta mañana?   (6:30)

_____

7 Dígale a su amigo que tenga más prisa.

_____

8 ¿Os acostasteis muy tarde anoche?   (sí)

_____

B _Write Spanish equivalents for the following sentences._

1 Where did you sleep last night?   (**usted**)

_____

2 I looked for my books this morning, but I couldn't find them.

_____

_____

3 Call her tomorrow.   (**tú**-form)

_____

4 Please don't worry.   (**usted**-form)

_____

5 I didn't bring a pencil. Lend me one, please.   (**tú**-form)

_____

6 Did you ask for permission?   (**usted**)

_____

Expresión individual

8. Complete las frases

1 Te vi _____ .

2 _____ en el parque.

3 _____ llegó _____ .

4 Tomé _____ .

5 _____ la sal _____ .

9. Forme preguntas

1 No estuve porque fui al banco.

¿ _____ ?

2 Me puse a dieta ayer.

¿ _____ ?

3 Estuve en casa anoche.

¿ _____ ?

4 Yo se lo traje.

¿ _____ ?

5 Yo les di el dinero ayer.

¿ _____ ?

10. Preguntas personales

Answer each question with a complete sentence.

1 ¿Se puso usted el sobretodo antes de salir?

_____

2 ¿Quién se durmió en la clase?

_____

3 ¿Cómo se divirtió usted anoche?

_____

4 ¿Por qué tuvieron ustedes que ponerse a dieta?

_____

5 ¿Qué le sirvieron a usted cuando fue al restaurante?

_____

6 ¿Qué pidieron sus amigas?

_____

7 ¿Ya leyó usted el libro _Don Quijote_?

_____

8 ¿Dónde durmieron ustedes anoche?

_____

9 ¿Cómo pudo usted salir bien en sus clases el semestre pasado?

_____

10 ¿Tomó usted algo anoche?

_____

11 ¿Por qué no prefirió usted quedarse en casa anoche?

_____

12 ¿Volviste antes de medianoche?

_____

13 ¿A quién trajeron ustedes a la fiesta?

_____

14 ¿Oyó usted la música?

_____

15 ¿Estuvo Alicia en la fiesta también?

_____

11. Composición

Write a paragraph about the last meal you had at your favorite restaurant.

_____

_____

_____

_____

_____

_____

_____

_____

Vocabulario

Cross out the word or words that do not make sense in the context of the sentence.

1 Anoche en el restaurante comimos (fruta, propina, postre, dieta).

2 Es cierto. Mi tío es una persona muy (chorizo, reina, famosa, sabrosa).

3 Ella tiene mucha sed y quiere (jugarlo, tocarlo, beberlo, tratarlo).

4 ¡Esta comida está (sabrosa, ensalada, dieta, deliciosa)!

5 Por favor, me pasa usted (la tarde, la sal, el jugo, la ensalada).

6 A él no le gusta (jugar, el menú, la cena, particular).

7 Antes de empezar a comer, nos sirvieron (guerra, vino, vez, postre).

8 Comí dos (chorizos, medianoches, tardes, ensaladas).

9 ¿Quiere usted (cenar, regañar, almorzar, beber) con nosotros?

10 ¿Le diste al mozo (la taza, la leche, la propina, la reina)?

LISTENING COMPREHENSION EXAM

Lecciones 7–9

¿Verdadero o falso?

*You will hear five sentences on the tape that are either true or false. If a sentence is true, circle **V** (verdadero). If it is false, circle **F** (falso).*

1 V F   2 V F   3 V F   4 V F   5 V F

¿Lógica o absurda?

*You will hear five pairs of questions and answers. If the two are logically related, circle **L** (lógica). If they do not go together, circle **A** (absurda).*

1 L A   2 L A   3 L A   4 L A   5 L A

Selección múltiple

*You will hear 35 questions with three answer choices for each, only one of which is correct. Circle the letter (**A**, **B**, or **C**) of the correct choice.*

1 A B C	8 A B C	15 A B C	22 A B C	29 A B C
2 A B C	9 A B C	16 A B C	23 A B C	30 A B C
3 A B C	10 A B C	17 A B C	24 A B C	31 A B C
4 A B C	11 A B C	18 A B C	25 A B C	32 A B C
5 A B C	12 A B C	19 A B C	26 A B C	33 A B C
6 A B C	13 A B C	20 A B C	27 A B C	34 A B C
7 A B C	14 A B C	21 A B C	28 A B C	35 A B C

LECCIÓN 10

Laboratorio

¿Lógica o absurda?

*You will hear ten pairs of statements. If the two statements are logically related, circle **L** (**lógica**). If they do not go together, circle **A** (**absurda**).*

1 L A   3 L A   5 L A   7 L A   9 L A

2 L A   4 L A   6 L A   8 L A   10 L A

Notas culturales

*You will hear the **notas**, and then a series of statements. If a statement is true according to the **nota**, circle **V** (**verdadero**). If it is false, circle **F** (**falso**).*

Simón Bolívar y el sueño de una Hispanoamérica unida

1 V F   2 V F   3 V F   4 V F   5 V F

El Rey don Juan Carlos y el Premio Bolívar

1 V F   3 V F   5 V F   7 V F   9 V F

2 V F   4 V F   6 V F   8 V F   10 V F

Lectura

*You will hear the **lectura**, and then a series of statements. If a statement is true according to the **lectura**, circle **V** (**verdadero**). If it is false, circle **F** (**falso**).*

1 V F   3 V F   5 V F   7 V F   9 V F

2 V F   4 V F   6 V F   8 V F   10 V F

Narración

You will hear the **narración**, *and then a series of statements. If a statement is true in terms of the* **narración**, *circle* **V** (**verdadero**). *If it is false, circle* **F** (**falso**).

1 V F   3 V F   5 V F   7 V F   9 V F

2 V F   4 V F   6 V F   8 V F   10 V F

Procesamiento de palabras

1. *Verbos regulares en el imperfecto*

A *Supply the appropriate verb form in the imperfect tense.*

1 (encontrar) Nosotros __encontrábamos__ a chicos de muchos países.

2 (hablar, yo) ___Hablaba___ con mi papá.

3 (decir, ellos) ___decían___ la verdad.

4 (vivir) María ___vivía___ en Los Ángeles.

5 (aprender) Mis amigos ___aprendían___ español.

6 (pasar, tú) ___Pasabas___ por la casa de Elena.

7 (comprender, yo) ___comprendía___ el francés.

8 (vivir, nosotros) ___vivíamos___ en Nicaragua.

9 (aprender) Los jóvenes ___aprendían___ la cultura de España.

10 (venir) José ___venía___ cada día a mi casa.

11 (aprender, nosotros) ___aprendíamos___ la historia de Somoza.

12 (vivir) José y Raúl ___vivían___ en un apartamento.

13 (hablar, ellos) ___Hablaban___ mal de ustedes.

14 (comprender, tú) ¿___comprendías___ todo?

15 (estar) Elena y María ___estaban___ en la biblioteca.

B *Choose the appropriate verb and fill in the blank with the correct form of the imperfect.*

1 (bañarse/acostarse) De costumbre yo ___me acostaba bañaba___ antes de desayunar.

2 (dar/vender) ¿En esos días por cuánto ___daba vendían___ ellos esos aviones?

3 (saber/conocer) Nosotros nos ___sabíamos conocíamos___ muy bien.

4 (tener/tomar) ¿ ___Tomabas___ tú mucho con tus amigos?

5 (lavar/llegar) ¿Dónde ___lavaba___ usted la ropa?

6 (sentir/sentar) Era una tragedia y yo lo ___sentía___ mucho.

7 (jugar/tocar) Él siempre ___tocaba___ el piano en las fiestas.

8 (preguntar/pedir) Todos los días ellos me ___pedían___ dinero.

9 (entrar/esperar) Yo no ___entraba esperaba___ más favores.

10 (divertirse/despertarse) ¿ ___se divertía___ usted en las montañas?

C *Write the Spanish equivalent.*

1 Silvia used to live with her aunt.

_____

2 Where would you rest when you were tired? (**usted**)

_____

3 We used to sing on television.

_____

4 What were you (**tú**) doing?

_____

5 We always spoke Spanish at home.

_____

2. Los verbos irregulares en el imperfecto

A *Supply the proper form in the imperfect tense.*

1 (ser, yo) __Era__ popular de niño.

2 (ir, nosotros) __Íbamos__ al Brasil.

3 (ver) Carlos __veía__ la televisión todos los días.

4 (ir, tú) ¡ __Ibas__ al cine solo!

5 (ser, ellas) __Eran__ mis amigas de la escuela.

6 (ver, ustedes) ¿ __veían__ a sus amigos a menudo?

7 (ver, yo) __veía__ a mucha gente en la tienda.

8 (ser) __eran__ las cuatro de la mañana.

9 (ser/ir) Cuando yo __era__ niño, mi papá y yo __íbamos__ al parque.

10 (ver) Yo __veía__ a mis amigos todos los días.

B *Translate into Spanish.*

1 I used to go to the country with my father.

_____

2 What color was your house? (**tú**-form)

_____

3 Where were you (**tú**) going?

_____

4 He was very sharp (smart) when he was younger.

_____

5 Did you (**ustedes**) see a game every weekend?

_____

3. La formación de adverbios en -mente

Change the adjectives to adverbs.

1 fácil   __fácilmente__   **4** público   *públicamente*

2 frecuente   *frecuentamente*   **5** solo   *solamente*

3 feliz   *felizmente*   **6** usual   *usualmente*

4. Comparaciones de igualdad

Write Spanish equivalents for the following sentences.

1 Eugenio didn't eat as much salad as José.

    __Eugenio no comió tanta ensalada como José.__

2 Raúl knew as much about Spain as Pepe.

3 He was as tall as Claudia.

4 Rosa always studied as much as Juan.

5 Nobody used to sleep as much as Jorge.

6 I have as much money as Ricardo.

5. Comparaciones de desigualdad

Write Spanish equivalents for the following sentences.

1 Señor Rodríguez is happier than his wife.

    __El señor Rodríguez es más feliz que su esposa.__

2 Manolo has less money than Miguel.

    Manolo tiene menos dinero que Miguel

3 Silvia learns more than Juana.

Silvia aprende más que Juana.

4 They have more than 1,000 dollars.

Tienen más de mil dólares.

5 Carlos seems more intelligent than Tomás.

Carlos ~~parece~~ mas inteligente que ~~Tomo~~ Tomás

6 He is older than 32.

Él era mayor que 32.

7 Marcos is richer than I.

Marcos era es más rico que yo.

8 I believe Anita is prettier than Carmen.

Creo que Anita es está más bonita que Carmen.

9 Alicia goes to the movies more frequently than her sister.

Alicia ~~viene~~ al cine más que su hermana.

10 Your (**tú**-form) classes are easier than my classes.

Tus clases son más fáciles que los míos

6. Comparación de adjetivos—formas irregulares

Combine the two statements using a comparison.

1 El carro de Miguel es bueno. El carro de Manolo es malo.

El carro de Miguel es mejor que el carro de Manolo.

2 Estos zapatos son malos. Esos zapatos son buenos.

_____

3 Este libro es bueno. El otro no es bueno.

_____

4 La fiesta de anoche fue muy buena. Esta fiesta no es buena.

_____

5 Tengo 23 años. Mi hermano tiene 18 años.

_____

6 Soy bajo. Él es alto.

_____

7 Sara tiene 19 años. Su hermana tiene 25 años.

_____

7. El superlativo de adjetivos

Complete the sentences using comparative and superlative forms as in the models.

1 María es pobre.

(*less*) Inés __es menos pobre.__

(*least*) Julia __es la menos pobre.__

2 Nuestra clase es fácil.

(*easier*) La clase de Manolo _____

(*easiest*) La clase de mi hermano _____

3 Yolanda es alta.

(*taller*) Ana _____

(*tallest*) Carmen _____

4 Ella es grande (*age*).

(*younger*) Lisa _____

(*youngest*) Anabel _____

5 Esta cama es mala.

(*worse*) La cama de Elena _____

(*worst*) La cama de Esteban _____

6 El coche de Elena es bueno.

(*better*) El coche de Juana _____

(*best*) El coche de Inés _____

7 José es grande (*size*).

(*bigger*) Rafael _____

(*biggest*) Manuel _____

8 La señora Gutiérrez es vieja.

(*older*) La señorita Margarita _____

(*oldest*) La señora Beatriz _____

8. *Comparaciones empleando los adverbios* mejor *y* peor

Combine the two sentences using a comparison with either **mejor** *or* **peor**.

1 Luisa canta bien. Yo canto mal.

Luisa canta mejor que yo.

2 Pedro estudia bien. Francisco no estudia bien.

_____

3 Yo hablo español muy bien. Mi compañero(a) habla español un poco.

_____

4 Carlos juega mal. Eduardo juega bien.

_____

5 Yo toco sólo un poco. Mi primo toca muy bien.

_____

9. El superlativo absoluto

Change the adjective to the absolute superlative.

1 El español es muy importante.

   El español es importantísimo.

2 El español es muy fácil.

_____

3 Ella es muy bella.

_____

4 El postre está muy rica.

_____

5 La revolución fue muy peligrosa.

_____

6 Las camisas son muy blancas.

_____

10. El subjuntivo en cláusulas sustantivas—repaso

Write a complete sentence from the elements given, adding additional elements as necessary.

1 yo—querer—que—novio(a)—llamar—pronto

   Quiero que mi novio(a) me llame pronto.

2 ellos—dudar—que—yo—poder—construir—casa

_____

3 a él—gustar—que—Rosa—venir

_____

4 nosotros—preferir—que—clase—terminar—temprano

_____

5 ella—esperar—que—nosotros—volver—pronto

_____

11. Resumen

A *Write the correct choice in the blank.*

1 Mi hermano _____ es más grande que yo.
   a) mejor   b) mayor   c) viejo

2 Antes _____ en la calle.
   a) jugábamos   b) jugamos   c) jugar

3 ¿ _____ ustedes buenos amigos?
   a) Eres   b) Estaban   c) Eran

4 ¡Esta lección es _____ !
   a) facilísimo   b) interesantísimo   c) importantísima

5 Yo no tenía _____ dinero _____ él.
   a) tan . . . como   b) tanto . . . como   c) tanto . . . que

6 Ella, sí, es bonita. Pero mi novia es _____ bonita.
   a) más   b) mejor   c) mayor

7 De los tres hermanos, Vicente es _____ .
   a) más alto   b) alto   c) el más alto

8 Dice que soy _____ inteligente _____ ellos.
   a) tan . . . como   b) tanto . . . como   c) más . . . como

B *Write Spanish equivalents for the following sentences.*

1 That class was very easy!

_____

2 Did you visit your (**ustedes**) grandparents each summer?

_____

3 I don't have as much time as you (**tú**) do.

_____

4 If you (**tú**) have more than 25 dollars, lend me five.

_____

5 We always spoke more Spanish than English.

_____

6 Who is your (**usted**) best friend?

_____

7 I have fewer than ten dollars.

_____

8 This movie is worse than last night's movie.

_____

Expresión individual

12. Complete las frases

1 ¿Podía usted _____ ?

2 _____ me gustaba _____ .

3 _____ cuando era pequeño.

4 Yo estudiaba tanto _____ .

5 ¿Por qué _____ ?

13. Forme preguntas

1 No, de costumbre no bailaba cuando era más joven.

¿ _____ ?

2 En mi casa hablaban inglés.

¿ _____ ?

3 Me gusta el cine tanto como el teatro.

¿ _____ ?

4 Sí, yo estaba contenta cuando era niña.

¿ _____ ?

14. *Preguntas personales*

Answer each question with a complete sentence.

1 ¿Qué hacían ustedes durante las vacaciones del verano?

_____

2 ¿Dormía mucho cuando era niño(a)?

_____

3 ¿Por qué no duerme usted mucho ahora?

_____

4 ¿Cuántas personas había en su clase ayer?

_____

5 ¿Qué acostumbraba hacer los sábados?

_____

6 De niño(a), ¿qué le gustaba hacer?

_____

7 ¿Qué idioma hablaba en casa?

_____

8 ¿Aprendía usted mucho en la escuela?

_____

9 ¿Dónde vivía de niño(a)?

_____

10 ¿Le gusta donde vive ahora?

_____

15. Composición

Write a paragraph about your experiences as a student in elementary school.

_____

_____

_____

_____

_____

_____

_____

_____

Vocabulario

Crucigrama

Complete the **crucigrama** as suggested by the cues, using vocabulary from Lesson 10. Use all capital letters, without accent marks.

HORIZONTALES

1 Significa **no recordar**.
5 Obvio o claro.
7 Sinónimo de **seguir**.
8 Responsabilidad.
11 Muy bonito.
12 Parecido a **generalmente**.
13 Parecido a **perseverancia**.
17 Sin error.

VERTICALES

2 Quiere decir **a menudo**.
3 Significa **de costumbre**.
4 Para decir **que sigue**.
6 Sin fortuna.
7 Uno que vive en Cuba.
8 Significa **oposición**.
9 Potencia o fuerza.
10 Algo no esperado.
14 Levantarse muy temprano.
15 Uno que vive en Tejas.
16 El opuesto de **difícilmente**.
18 Significa **íntimo**.

LECCIÓN 11

Laboratorio

¿Lógica o absurda?

*You will hear ten pairs of statements. If the two statements are logically related, circle **L** (**lógica**). If they do not go together, circle **A** (**absurda**).*

1 L A   3 L A   5 L A   7 L A   9 L A

2 L A   4 L A   6 L A   8 L A   10 L A

Notas culturales

*You will hear the **notas**, and then a series of statements. If a statement is true according to the **nota**, circle **V** (**verdadero**). If it is false, circle **F** (**falso**).*

Los deportes, los aficionados y el fútbol

1 V F   3 V F   5 V F   7 V F

2 V F   4 V F   6 V F   8 V F

El béisbol y el jai alai

1 V F   2 V F   3 V F   4 V F

Lectura

*You will hear the **lectura**, and then a series of statements. If a statement is true according to the **lectura**, circle **V** (**verdadero**). If it is false, circle **F** (**falso**).*

1 V F   3 V F   5 V F   7 V F   9 V F

2 V F   4 V F   6 V F   8 V F   10 V F

Narración

You will hear the **narración**, and then a series of statements. If a statement is true in terms of the **narración**, circle **V** (**verdadero**). If it is false, circle **F** (**falso**).

1 V F   **3** V F   **5** V F   **7** V F   **9** V F

2 V F   **4** V F   **6** V F   **8** V F   **10** V F

Procesamiento de palabras

1. Diferencias entre el pretérito y el imperfecto

A Complete each sentence with either the preterit or imperfect tense of the verb indicated.

1 (gustar) ¿Le __gustó__ a usted la cena anoche?

2 (visitar) ¿Siempre ___visitabas___ tú México en el verano?

3 (vivir) ¿ ___vivieron___ ustedes en Colombia por cinco años?

4 (comer) ¿A qué hora ___comías___ (tú) generalmente?

5 (ayudar) ¿Le ___ayudía ayudaba___ usted a su papá en esos días?

6 (hablar) Yo ___hablaba___ dos idiomas de niño.

7 (ser) ¿Qué hacía usted cuando ___era___ joven?

8 (dar) ¿Antes ___daban___ ellos clases de literatura en la escuela?

B Fill in the blank with the appropriate imperfect or preterit form of the verb on the right.

A Luis le (1) ___gustaba___ mucho ir a los partidos de

fútbol cuando (2) ___era___ más joven. Él me

(3) ___dijo   decía___ que (4) ___iba___ todos los

domingos con su papá. También me (5) ___contaba   contó___

algo que yo no (6) ___se sabía___ : que su papá

1. gustar
2. ser
3. decir
4. ir
5. contar
6. saber
7. jugar
8. ser

(7) _____*jugaba*_____ con un equipo profesional. Y dicen que él

(8) _____*era*_____ uno de los mejores jugadores en esos días.

C *Guided by the clarification of meaning in parentheses, translate the following sentences, using either the preterit or imperfect tense to express the meaning in Spanish.*

1 She went to school. (every day)

Ella iba a la escuela.

2 I spoke at a meeting. (last night)

Yo hablé

3 We went to the park. (on Sundays)

Íbamos

4 She slept well. (when she was young)

dormía

5 We left early. (last night)

~~*vinimos*~~ *salimos*

6 He went to bed at 10 P.M. (as a child)

se levantaba acostaba

7 Did it rain? (yesterday)

hace llovió

2. El pasado progresivo con el imperfecto de estar

Change the imperfect-tense verb in each sentence to the past progressive.

1 ¿Qué hacía usted cuando él entró?

Qué estaba haciendo usted cuando él entró?

2 ¿Quién hablaba cuando ellos pasaron?

_____

3 ¿Qué leías cuando te llamé?

_____

4 ¿Qué escribían ellas?

_____

5 Llovía cuando me desperté.

_____

6 Federico bailaba con Debbie cuando Alicia lo vio.

_____

3. Ser, ir _y_ venir—_no emplean la forma progresiva_

Give the Spanish equivalent.

1 We were going to the party when it started to rain.

_____

2 They were coming to see us when the accident occurred.

_____

3 Mario said he was coming to our meeting.

_____

4 I was going to the library when I saw him.

_____

4. _Verbos con significado distinto en el pretérito y el imperfecto_

Complete the sentences as suggested by the English cues. Use the **tú**_-form to translate ''you.''_

1 (_I met him_) ___conocí___ cuando era joven.

2 (_He knew_) ___~~Este~~ Supo___ que ellos salían sin comida.

3 (_We managed_) ___~~Podíamos~~ pudimos___ encontrar al niño.

4 (_Did you know Benito_) ¿ ___Conocía Benito___ cuando él vivía en Bogotá?

5 (_When did you find out_) ¿ ___Cuándo Supiste___ del accidente?

6 (I wanted to open the room) _____ Quiso abrir _____ pero no pude.

7 (Did you know) ¿ _____ Sabías _____ que él quería conocer a la señorita?

5. Conocer o saber—repaso

Write in the correct form of **conocer** *or* **saber**.

1 ¿ _____ Conciste _____ tú a Patricia anoche en la fiesta?

2 Yo _____ supe sé _____ que hay muchas personas que vienen.

3 Ella _____ conoció _____ a mi primo en el baile el sábado pasado.

4 ¿ _____ Conociste _____ tú a esa profesora ayer?

5 Nosotros no _____ supimos _____ de la fiesta esta mañana. Por eso no fuimos.

6 ¿ _____ supieron _____ ustedes a qué hora comienza el programa?

6. Se reflexivo como sujeto impersonal

Rewrite each question, using **se** *as a non-personal subject.*

1 ¿Dónde puede uno comprar pan?

  ¿Dónde se puede comprar pan?

2 ¿Por qué estudia uno en la biblioteca?

  _____

3 ¿Dónde hablan alemán?

  _____

4 ¿Bailan aquí todos los sábados?

  _____

5 ¿Cuándo podemos jugar?

  _____

6 ¿Dónde preparan esa comida?

  _____

7 ¿Por dónde sale uno?

_____

8 ¿Cómo sabe uno si es la verdad?

_____

7. Se *reflexivo en acciones inesperadas*

Translate using the verb suggested in the cue.

1 (romper)   *I broke my pencil.*

   Se me rompió el lápiz.

2 (olvidar)   *Did you (tú) forget your book again?*

_____

3 (quedar)   *Yes, I left my book home again.*

_____

4 (caer)   *Where did he drop his money?*

_____

5 (perder)   *My brother always used to lose his shoes.*

_____

6 (ocurrir)   *How did you (tú) get that idea?*

_____

7 (olvidar)   *What did they forget this morning?*

_____

8. El subjuntivo—repaso

Express in writing that you prefer that the contrary happen in each of the following situations.

1 Alicia no va a la fiesta.

   Prefiero que Alicia vaya a la fiesta.

2 Federico no baila con todas las chicas.

_____

3 Los deportistas ganan mucho dinero.

_____

4 Mi compañero(a) de cuarto no me presta su sobretodo.

_____

5 Ellos no vienen a mi casa.

_____

6 Mi novio(a) no me compra regalos.

_____

7 Ella no descansa.

_____

8 Mi compañero no se levanta temprano.

_____

9 Tú no perdonas a todos.

_____

10 Vosotros no respondéis a mis cartas.

_____

9. Resumen

Write the correct response in the blanks.

1 Ella _____ mientras yo _____ .
   a) bailaba . . . esperaba   b) bailó . . . esperaba   c) bailaba . . . esperó

2 Yo no _____ que se te _____ el perro.
   a) conocí . . . murió   b) sabía . . . murió   c) supo . . . ocurrió

3 Ella me dijo que los otros _____ al cine anoche.
   a) iban   b) fueron   c) llevaron

4 Luis _____ a la biblioteca cuando lo vi.
   a) iba   b) estaba yendo   c) fue

5 ¿Cómo _____ mejor el español?
   a) se puede   b) se entrega   c) se aprende

6 Cuando era más joven yo siempre _____ tarde.
   a) me levanté   b) me levantaba   c) me levanto

7 ¿ _____ usted algo para el almuerzo ayer?
   a) Trae   b) Traía   c) Trajo

8 Antes él _____ mucho al béisbol.
   a) jugaba   b) juega   c) jugó

9 Se me _____ los problemas.
   a) ocurrió   b) olvidó   c) olvidaron

10 Yo _____ con Federico cuando Alicia entró.
   a) habló   b) estaba hablando   c) hablo

Expresión individual

10. Complete las frases

1 Estudiaba _____ .

2 Carmela tuvo _____ .

3 Supe _____ .

4 Eran las seis _____ .

5 ¿Qué deporte _____ ?

11. Forme preguntas

1 Sí, me divertía mucho en los deportes.

   ¿ _____ ?

2 No, no sé jugar al tenis.

   ¿ _____ ?

3 Conocimos a Federico en Colombia.

¿ _____ ?

4 No, no quise ir a la clase.

¿ _____ ?

5 Sí, cuando éramos jóvenes jugábamos mucho.

¿ _____ ?

12. Preguntas personales

Answer each question with a complete sentence.

1 ¿Tenías miedo cuando te llamaba tu mamá?

_____

2 ¿Fueron ustedes al teatro anoche?

_____

3 ¿Hacía mucho frío antes?

_____

4 ¿Estaba usted cansado(a) cuando se acostó?

_____

5 ¿Se te quedó algo en casa?

_____

6 ¿Sabían ustedes que veníamos?

_____

7 ¿Leía usted muchos libros de filosofía cuando estaba en la escuela?

_____

8 ¿A quién visitó usted anoche?

_____

9 ¿Pudiste venir temprano a la clase?

_____

10 ¿Cuántos novios (Cuántas novias) tenía usted cuando era más joven?

_____

11 ¿Conocieron ustedes a todos los profesores?

_____

12 ¿Qué hora era cuando comenzó la clase?

_____

13 ¿Qué hacía usted antes de venir a la universidad?

_____

14 ¿Cuándo supieron ustedes del accidente?

_____

15 ¿No quisieron ustedes pedir dinero?

_____

16 ¿Estabas cantando cuando vino el profesor?

_____

17 ¿Cuántos años tenía cuando fue a la escuela por primera vez?

_____

13. Composición

Write a paragraph about your experiences before you went to school.

_____

_____

_____

_____

_____

_____

Vocabulario

Find the words from Lesson 11 that fit the definitions and write them in the blanks. Then try your skill at finding the words in one of the three **SOPA DE LETRAS** *grids. In Grid A the words are arranged horizontally or vertically only. In Grid B the words are listed horizontally, vertically, or diagonally. Grid C presents the words horizontally, vertically, or diagonally in either normal or inverted letter-order.*

1 Uno que juega a varios deportes. _____

2 Un deporte muy popular en América. _____

3 Un edificio de la Iglesia Católica. _____

4 Juego entre dos personas. _____

5 El opuesto de **cerrar**. _____

6 Un grupo de personas que cantan. _____

7 El último partido. _____

8 Dos juegan en un partido. _____

9 Se usa en lugar de dinero. _____

10 Lo que uno hace cuando quiere saber algo. _____

11 Se usa para tomar vino. _____

12 Se estudia en la clase de español. _____

13 Lo que se hace con el teléfono. _____

14 Lo que se da con el pie. _____

15 Donde se nada. _____

Sopas de letras

A

```
D T G N L E D A P T Q N C G F
E E A J E D R E Z F R N P R P
P C H E Q U E T L F T J K A I
O J G D Q Y M M T C R E P M S
R U E Q J V C N U A M X R A C
T R X Q X I O X F M U F E T I
I B E I S B O L C P L H G I N
S J Z Q M M G Y A E V G U C A
T A S N A F E R T O U K N A H
A B C V R C Q X E N F X T N Q
K R O A C L U I D A A P A G O
F I R M A F I S R T E B R W R
K R O Z R R P T A O C O P A X
U L J G E M O Q L U Y P O I P
B K S N P W J P A T A D A U I
```

B

```
Y H R I C N B E I F H A P A C S T Z G X
R P I P U L F P P O Q Z Z S A K T K G I
G F U I T H W I T H C A T E D R A L T A
Q I M S Y P Q A C E R K B S R W T U U O
L D R C U I N H E Q U I P O C O P A E Z
I I A Y V O M D U Q P V C T O D A F Q Z
R G I K E Q Q B M D Y I U S R G J O Z T
W W S P C H E Q U E J Y Q Z O R E H W M
M Q M B O Y V B A W C C Y T N A D K T I
T A E J T D E P O R T I S T A M R Y F V
C U R F Y Y Z D Z I H Y I D M A E M W U
P F F C S C O O J A K V A A P T Z R Q R
P I E B A F N U S X T T Q B I I H E B V
B F M E G R B F J X A V I K S C X U S Q
J W S I V D O W E P V M G P C A B R I R
A A U S A B X Q G W C A A G I V H S V W
P G K B X B K M S D D F D W N D N V M R
G Z X O X S B L J C J P D D A N X X V X
I J D L D T W E L P R E G U N T A R T F
M E D J X H U T L F O W O F B F V E K M
```

C

```
F P X R W L W G P C M I W T W S L G H Z K P R X Y
X T R J H G Y K O X O L A R D E T A C P P O T R E
M P H J V M K R H B T Q B T S U A Y A B Y P A Z R
N W T C R H O G D M A E N H J A C T J W Z G Z A O
Q F T I I A L F C V N H N T P C A I N B S H C Z I
Q O F Z R C Y Y H L O O V O R D E O R T U R F I W
B F L Q B K D F V P E A C P A V K A J O A R Z B S
A A A A A E B A R P P C L I B R G I Z M Y S P K A
H V S T O H I E G I M I M U V Z F E H U Z W Z T P
S H M U V B G G S S A T R Q A R R S N A E F X L I
T Q B S L U M Z X C C A S E K D X T C G Q V A S I
Y Y D Q N S A N W I O M D H E A U K K M G X Y S C
O L L T N M Q D Z N N A Z J S C M P Z B M L V L X
D O A L H S R Y I A Z R A B Q A T Y V C H E Q U E
M R T R O A E N D T Q G L Y S D B W T X W U G E I
W M Q L B J J Y M M G F J A V P B W U Z A S I A W
E B U N Y M F V J S O N V L S T P W Y I O L H L N
I X U N H H Z J N S M A P M M G P K K T Y R H P C
V T F V J M O S U A T S I T R O P E D J W T J M S
M K F L B P E L O W V S I J W X T U D M P H O J V
Z E X U Q N H M A Q D X U E E X E D R V P G D X S
Q Z C T Y X R L Z H H B E I S B O L L E X O T Y R
Z I H U T A L Y S R T W X O S T S L Q T O Z U E V
U E X V P D I R H Q Y N T R G G H L G P L L S U N
K C X J R O F U O N O N T U G V J H Z L U I G E Z
```

LECCIÓN 12

Laboratorio

¿Lógica o absurda?

*You will hear ten pairs of statements. If the two statements are logically related, circle **L** (**lógica**). If they do not go together, circle **A** (**absurda**).*

1 L A	3 L A	5 L A	7 L A	9 L A
2 L A	4 L A	6 L A	8 L A	10 L A

Notas culturales

*You will hear the **notas**, and then a series of statements. If a statement is true according to the **nota**, circle **V** (**verdadero**). If it is false, circle **F** (**falso**).*

Los mercados públicos

1 V F	3 V F	5 V F	7 V F	9 V F
2 V F	4 V F	6 V F	8 V F	10 V F

Lectura

*You will hear the **lectura**, and then a series of statements. If a statement is true in terms of the **lectura**, circle **V** (**verdadero**). If it is false, circle **F** (**falso**).*

1 V F	3 V F	5 V F	7 V F	9 V F
2 V F	4 V F	6 V F	8 V F	10 V F

Narración

You will hear the **narración**, and then a series of statements. If a statement is true in terms of the **narración**, circle **V** (**verdadero**). If it is false, circle **F** (**falso**).

1 V F   3 V F   5 V F   7 V F   9 V F

2 V F   4 V F   6 V F   8 V F   10 V F

Procesamiento de palabras

1. Verbos regulares en el futuro

Choose the appropriate verb and complete the sentence with the correct future-tense form.

1 (contar/cantar) ¿Quién __cantará__ en el programa?

2 (probarse/sentirse) ¿Por qué no _el probará_ usted ese vestido?

3 (ir/dar) ¿Cuándo _irás_ tú a la biblioteca?

4 (responder/recibir) ¿Cuándo _recibirán_ ellos a mis cartas?

5 (prestar/pedir) ¿ _Prestarán_ ustedes postre?

6 (olvidar/trabajar) ¿Quién _olvidará_ esta clase?

7 (volver/olvidar) Dicen que _volverán_ a las ocho.

8 (seguir/traer) Ella _traerá_ la comida.

9 (madrugar/sugerir) ¿Quiénes _sugerirán_ eso?

10 (afeitarse/despertarse) _me afeitaré_ después de bañarme.

2. Verbos irregulares en el futuro

Complete the following sentences as indicated by the cues, using verbs in the future tense.

1 (venir, el profesor) ¿ __Vendrá el profesor__ a la facultad esta noche?

2 (saber, ella) ¿ _Sapá Sabrá_ la verdad?

3 (poder, nosotros) _podremos_ escuchar el programa la semana próxima.

4 (salir, el médico) ¿Cuándo ___*saldrá*___ ?

5 (tener, usted) ¿ ___*tendrá*___ tiempo para hablar conmigo?

6 (poner, la muchacha) ¿ ___*pondrá*___ todas las flores en la mesa?

7 (hacer, yo) ¿Qué ___*haré*___ después de la clase?

8 (tener, tú) ¿Cuándo ___*tendrás*___ que estudiar las materias?

9 (valer) ¿Cuánto ___*valdrá*___ este anillo?

10 (haber) ¿Cuántos estudiantes ___*habrá*___ en la clase mañana?

3. El futuro para expresar probabilidad

Give the Spanish equivalent.

1 I wonder if Mario is thirsty.

    ¿Tendrá sed Mario?

2 Can he be the person we saw?

_____

3 Where can my roommate be?

_____

4 I wonder what Elena is doing tonight.

_____

5 I wonder what they are eating.

_____

4. El presente con significado futuro

Translate the sentences, using the present tense to express future meaning.

1 I'll write to her tomorrow.

    Le escribo mañana.

2 He's coming to my house tonight.

_____

3 We'll talk to you (**tú**) later.

_____

4 He will give me the papers tomorrow.

_____

5 They'll tell us next week.

_____

5. *El presente en español con significado de* shall *o* will

Give the Spanish equivalent.

1 Shall I come now?

   ¿Vengo ahora?

2 Shall we study tonight?

_____

3 Shall we dance?

_____

4 Will you (**tú**-form) accompany us?

_____

5 Shall I buy the brooch or the earrings?

_____

6. *Los pronombres demostrativos*

A *Answer the questions, substituting a demonstrative pronoun.*

1 ¿Te gustan estos zapatos?

   No, prefiero éstos.

2 ¿Te gusta este abrigo?

_____

3 ¿Te gusta esta camisa?

_____

4 ¿Te gustan estos pantalones?

_____

5 ¿Te gustan estas medias?

_____

B *Answer following the model.*

1 ¿Qué te parece ese traje?

  Aquél me gusta más.

2 ¿Qué te parecen esos anillos?

_____

3 ¿Qué te parece ese broche?

_____

C *Answer as in the model.*

1 ¿Te interesa ese sombrero?

  Me interesa más ése.

2 ¿Te interesa esa corbata?

_____

D *Write the form of the demonstrative pronoun suggested by the English cue.*

1 (*This*) _____*éste*_____ es mi país.

2 (*Those, far away*) _____*aquéllos*_____ eran buenos años.

3 (*That—idea*) _____*Eso*_____ es tan importante.

4 (*Those, far away*) _____*aquéllas*_____ son montañas muy bonitas.

5 (*that one, near you*) Éste es mi lápiz, _____*ése*_____ es de Carlos.

7. El reflexivo como equivalente de la voz pasiva

Translate into Spanish, using the reflexive as equivalent of the passive voice.

1 Where is good jewelry sold?

   ¿Dónde se venden buenas joyas?

2 Where were these books written?

   _____

3 The doors opened at 9 o'clock.

   _____

4 How was the decision received?

   _____

5 Shirts aren't sold here.

   _____

6 My overcoat was found in the park.

   _____

7 Two games will be played tomorrow.

   _____

8. Las conjunciones pero y sino

*Fill in the blank with either **sino**, **sino que**, or **pero** as the context requires.*

1 No me gusta bailar, __sino__ cantar.

2 No fuimos a la fiesta, _sino que_ nos quedamos en casa.

3 Me gusta mucho viajar, _pero_ cuesta mucho estos días.

4 Voy solo a Chile, _pero_ sería mejor con un buen amigo.

5 Los mexicanos no esperaron el avión, _sino que_ vinieron en autobús.

6 Nuestro carro no es nuevo, _sino que_ corre muy bien.

7 Él no necesita dinero, _sino_ buenos amigos.

8 Es mejor jugar con dos personas, ___*sino que* [pero]___ se puede jugar con tres.

9 La clase no es grande, ___*sino*___ muy pequeña.

10 Me gustaba ir a los partidos, ___*sino que* [pero]___ no había mucha oportunidad.

9. Resumen

Give the Spanish equivalent.

1 We'll talk to you (**tú**-form) later.

_____

2 I wonder what time it is.

_____

3 Shall I buy this record?

_____

4 We don't want to return tomorrow, but we will.

_____

5 This brooch is pretty, but that one (next to you) is prettier.

_____

6 How is the salsa danced?

_____

7 The doors were closed at 7 o'clock.

_____

8 I don't like these rings, but rather those (over there).

_____

10. Complete las frases

1 Mañana lo _____ .

2 _____ a la sastrería esta noche.

3 ¿ _____ conmigo?

4 Ellos tendrán que _____ .

5 Tú me _____ . ¿Verdad?

11. Forme preguntas

1 Compraré zapatos con ese dinero.

¿ _____ ?

2 Mañana saldré a las cuatro.

¿ _____ ?

3 No, a ella no le gustará ese broche.

¿ _____ ?

4 Yo prefiero ésta.

¿ _____ ?

5 Pepe tendrá veinte años.

¿ _____ ?

12. Preguntas personales

Answer each question with a complete sentence.

1 ¿Estarán estudiando en la biblioteca sus amigos?

_____

2 ¿Va usted al mercado el sábado?

_____

3 ¿Por qué será tan barata esta plata?

_____

4 ¿Dónde estará su compañero(a) de cuarto?

_____

5 ¿Quiere usted comprar esta camisa o aquélla?

_____

6 ¿A su compañero le gusta ir de compras?

_____

7 ¿Cuándo vendrán las vacaciones?

_____

8 ¿Por qué estará usted cansado(a)?

_____

9 ¿Cuándo pasará usted por mi casa?

_____

10 ¿Salimos mañana o ahora mismo?

_____

11 ¿Es ésta la joya más bonita?

_____

12 ¿Seguirá usted una carrera en medicina?

_____

13 ¿Me dice usted cuánto cuesta este abrigo?

_____

14 ¿Le quedan muy grandes esos pantalones?

_____

15 ¿Qué hará usted esta tarde?

_____

13. Composición

Write five sentences about what you are going to do tonight.

_____

_____

_____

_____

_____

Vocabulario

Fill in the blank with an appropriate word from the vocabulary list in Lesson 12.

1 Comemos la cena en el _____ .

2 De costumbre mi mamá iba de _____ todos los sábados.

3 Se compra carne en la _____ .

4 Se corta el pelo en la _____ .

5 Uno puede comprar medicina en la _____ .

6 El _____ se usa para lavar el pelo.

7 De costumbre los turistas compran muchos _____ .

8 Venden joyas, broches y aretes en la _____ .

9 No quiero que la ropa sea cara, sino _____ .

10 Si quiero que me hagan un traje, voy a la _____ .

11 Una persona con mucho dinero es _____ .

12 Un sinónimo de **sello** es _____ .

13 Si sólo quiero leer el libro, voy a la biblioteca. Pero si quiero comprarlo, voy a

la _____ .

14 _____ es sinónimo de **andar**.

15 En una tienda queremos que el _____ nos ayude.

LISTENING COMPREHENSION EXAM

Lecciones 10–12

¿Verdadero o falso?

You will hear five sentences on the tape that are either true or false. If a sentence is true, circle **V** (**verdadero**). *If it is false, circle* **F** (**falso**).

1 V F   2 V F   3 V F   4 V F   5 V F

¿Lógica o absurda?

You will hear five pairs of questions and answers. If the two are logically related, circle **L** (**lógica**). *If they do not go together, circle* **A** (**absurda**).

1 L A   2 L A   3 L A   4 L A   5 L A

Selección múltiple

You will hear 35 questions with three answer choices for each, only one of which is correct. Circle the letter (**A**, **B**, *or* **C**) *of the correct choice.*

1 A B C	8 A B C	15 A B C	22 A B C	29 A B C
2 A B C	9 A B C	16 A B C	23 A B C	30 A B C
3 A B C	10 A B C	17 A B C	24 A B C	31 A B C
4 A B C	11 A B C	18 A B C	25 A B C	32 A B C
5 A B C	12 A B C	19 A B C	26 A B C	33 A B C
6 A B C	13 A B C	20 A B C	27 A B C	34 A B C
7 A B C	14 A B C	21 A B C	28 A B C	35 A B C

LECCIÓN 13

Laboratorio

¿Lógica o absurda?

*You will hear ten pairs of statements. If the two statements are logically related, circle **L** (**lógica**). If they do not go together, circle **A** (**absurda**).*

1 L A	**3** L A	**5** L A	**7** L A	**9** L A
2 L A	**4** L A	**6** L A	**8** L A	**10** L A

Notas culturales

*You will hear the **notas**, and then a series of statements. If a statement is true according to the **nota**, circle **V** (**verdadero**). If it is false, circle **F** (**falso**).*

El tablao flamenco

1 V F	**3** V F	**5** V F	**7** V F
2 V F	**4** V F	**6** V F	

Madrid de noche

1 V F	**2** V F	**3** V F	**4** V F

Lectura

*You will hear the **lectura**, and then a series of statements. If a statement is true according to the **lectura**, circle **V** (**verdadero**). If it is false, circle **F** (**falso**).*

1 V F	**3** V F	**5** V F	**7** V F	**9** V F
2 V F	**4** V F	**6** V F	**8** V F	**10** V F

Narración

You will hear the **narración**, and then a series of statements. If a statement is true in terms of the **narración**, circle **V** (**verdadero**). If it is false, circle **F** (**falso**).

1 V F	**3** V F	**5** V F	**7** V F	**9** V F
2 V F	**4** V F	**6** V F	**8** V F	**10** V F

Procesamiento de palabras

1. El condicional—verbos regulares e irregulares

A Supply the appropriate conditional form of the verb in the following questions.

1 (ser) ¿ __Sería__ usted presidente del club?

2 (comprar) ¿ _Compraría_ él un nuevo Porsche?

3 (visitar) ¿ _Visitaría_ Felipe a nosotros?

4 (dormir) ¿ _dormirías_ tú hasta el mediodía?

5 (vivir) ¿ _vivirían_ ellos en la ciudad?

6 (comer) ¿ _comerían_ ustedes en el restaurante del hotel?

7 (hablar) ¿ _hablaría_ usted con el profesor?

8 (conocer) ¿ _conocería_ yo a todos los profesores?

9 (tocar) ¿ _tocaría_ Doris el piano en la reunión?

10 (traer) ¿ _traería_ Manolo a sus amigos?

11 (entrar) ¿ _entraríamos_ nosotros en esa casa?

B In the following sentences, change verbs in the present tense to the past and verbs in the future to the conditional.

1 Dice que volverá mañana.

___Dijo___ que __volvería__ mañana.

2 Dice que estará en el parque después de la clase.

_____*Dijo*_____ que _____*estaría*_____ en el parque después de la clase.

3 Prometes que hablarás español con nosotros.

_____*Prometiste*_____ que _____*hablarías*_____ español con nosotros.

4 Digo que ganaremos el partido.

_____*Dije*_____ que _____*ganaríamos*_____ el partido.

5 Carmen dice que Sonia no cantará en el programa.

Carmen _____*dijo*_____ que Sonia no _____*cantaría*_____ en el programa.

6 Le digo al profesor que llevaré los exámenes a su oficina.

Le _____*dije*_____ al profesor que _____*llevaría*_____ los exámenes a su oficina.

7 El periódico indica que nevará por la tarde.

El periódico _____*indicó*_____ que _____*nevaría*_____ por la tarde.

8 Feliza dice que conocerá Milano y París.

Feliza _____*dijo*_____ que _____*conocería*_____ Milano y París.

C *Give the Spanish equivalent.*

1 You would have to ask my father.

Tendría que preguntarle a mi papá.

2 I wouldn't have her patience.

_____

3 You (**Tú**) wouldn't say those things again.

_____

4 These earrings would be worth more in the United States.

_____

5 He said there would be a party for my birthday.

_____

6 He would tell everything.

_____

2. El condicional en peticiones corteses

Soften the request in the following sentences by changing the verb to the conditional tense.

1 ¿Puede usted ayudarme?

¿__**Podría**__ usted ayudarme?

2 ¿Me pasa usted la leche?

¿Me _____ usted la leche?

3 ¿Me prestas un lápiz?

¿Me _____ un lápiz?

4 ¿Nos pide un taxi?

¿Nos _____ un taxi?

5 Ustedes deben llegar más temprano.

Ustedes _____ llegar más temprano.

6 ¿Nos pueden dar unos minutos más?

¿Nos _____ dar unos minutos más?

3. El condicional para expresar probabilidad en el pasado

Respond that you don't know, then mention the information supplied by the cue, using a verb in the conditional to indicate probability in the past.

1 ¿Qué hora era cuando ella volvió del baile?   (las doce)

__No sé, serían las doce cuando volvió.__

2 ¿Dónde estaba Carlos?   (en España)

_____

3 ¿Cuándo murió Napoleón?   (el siglo pasado)

_____

4 ¿Quién era ese señor?   (el embajador)

_____

5 ¿Qué hora era cuando comenzó el partido?   (las siete y media)

_____

6 ¿Dónde estuvo tu sobretodo?   (en el autobús)

_____

7 ¿Cuál era su tío?   (el gordo)

_____

8 ¿Por qué vinieron los deportistas?   (para jugar)

_____

9 ¿A qué hora comenzó la fiesta?   (a la una)

_____

10 ¿Adónde fue el profesor?   (a casa)

_____

11 ¿Qué compró Juan Carlos con el dinero?   (un regalo para su novia)

_____

12 ¿Quién fue esa chica bonita?   (estudiante de otra universidad)

_____

4. Hacer *con expresiones de tiempo*

A *Answer the questions using expressions of time with* **hacer** *and the present tense.*

1 ¿Hace cuánto tiempo que ustedes hablan español?   (varios meses)

   Hace varios meses que hablamos español.

2 ¿Cuántos años hace que está en la universidad este profesor?   (tres años)

_____

3 ¿Hace cuánto tiempo que no le escribe a su novio(a)?   (dos días)

_____

4 ¿Cuánto tiempo hace que usted trabaja con estas preguntas?   (tres horas)

_____

_____

5 ¿Cuánto tiempo hace que no ven ustedes un campeonato de ajedrez?   (mucho tiempo)

_____

6 ¿Cuánto tiempo hace que usted está esperando aquí?   (diez minutos)

_____

B *Answer the questions using expressions of time with* **hacer** *and the preterit tense. Answer each question twice, using a different word order pattern each time.*

1 ¿Cuándo empezó el semestre?   (diez semanas)

   Hace diez semanas que empezó el semestre.

   Empezó el semestre hace diez semanas.

2 ¿Cuándo comenzó la película?   (una hora y media)

_____

_____

3 ¿Cuántos días hace que salió el artículo en el periódico?   (dos días o más)

_____

_____

4 ¿Cuándo recibiste la carta?   (una semana)

_____

_____

5 ¿Cuánto tiempo hace que se casaron sus padres?   (treinta años)

_____

_____

5. *Usos de* **por** *y* **para**

A *Fill in the blanks with either* **por** *or* **para** *as the context requires.*

1 Estudio mucho __**para**__ aprender español.

2 ¡No estarás lista ____*para/por*____ las siete!

3 Tito salió ____*por*____ pan.

4 Este pequeño regalo es ____*para*____ ti.

5 Vivimos allí ____*para/por*____ el mercado.

6 Pagué demasiado ____*para/por*____ ese carro.

7 Le hablé a Luisa ____*por*____ más de una hora.

8 Pasaré mañana ____*por*____ la noche.

9 ____*Para*____ profesor, es muy simpático.

10 No terminaré esta función ____*por/para*____ las diez.

11 Me toman ____*para/por*____ mexicano.

12 Saldremos ____*para*____ la plaza después de la siesta.

13 Le causó problemas a su ex novia ____*para/por*____ celos.

14 Mi amiga no puede trabajar hoy. Voy a trabajar ____*para/por*____ ella.

15 No tengo tiempo ____*por/para*____ divertirme en el campo.

B *Give the Spanish equivalent.*

1 I thought he would call me by 8 o'clock.

   Creía que él me llamaría para las ocho.

2 How much did you (**tú**) pay for those tickets?

   por

3 At least we don't have to look for a hotel.

   por

4 He works for my uncle's company.

   for   para

5 For now, we're all right.

   para   por

6 I came to the university (in order) to study medicine.

   para

7 Tomorrow afternoon we'll leave for Mazatlán.

   para

8 Is there a laundry around here?

6. El subjuntivo—repaso y práctica

Give the Spanish equivalent.

1 I hope someone will call me tonight.

2 My roommates want me to prepare dinner.

3 I doubt they will help me.

4 I'll tell Miguel to eat with us.

_____

5 They say they want me to invite him.

_____

7. Resumen

Choose the appropriate verb and write in the correct form.

1 (ser / entender / venir) Ella prometió que ~~vernga~~ *vendría* temprano.

2 (vernos / sentirse / darse) ¡Hola, María! Hace mucho tiempo que

no *nos vemos* .

3 (tener / tomar / deber) Usted ~~tiene~~ *debe* tener más cuidado.

4 (llegar / ser / estar) Es difícil decir a qué hora vinimos, pero ~~eran~~ *serían* las once, más o menos.

5 (salir / conocer / morir) No lo recuerdo muy bien. Hace cinco años que

lo *conocí* .

6 (venir / ir / vender) Yo no dije que se lo *vendería* .

7 (estar / prometer / ser) No sé por qué no vino anoche. *Estaría* con sus amigos en el centro.

8 (querer / preferir / gustar) No quiero ir solo. ¿Te ~~quieres~~ *gustaría* ir conmigo?

9 (tocar / estar / dejar) ¿Cuándo se levantará él? ¡Hace mucho tiempo

que ~~estaba~~ *está* dormido!

10 (gustar / olvidar / escoger) Yo no sabía qué comprarle. Entonces ella dijo que

(ella) *escogería* algo.

8. Complete las frases

1 Terminamos de trabajar y por eso _____ .

2 Irías al cine _____ .

3 Me dijo _____ .

4 ¿Qué hora _____ ?

5 _____ por la noche.

9. Forme preguntas

1 Sí, yo le hablaría.

¿ _____ ?

2 No, yo no iría en autobús.

¿ _____ ?

3 Yo dormiría la siesta todos los días.

¿ _____ ?

4 Sí, salgo para México mañana.

¿ _____ ?

5 Hace media hora que estudio.

¿ _____ ?

10. Preguntas personales

Write complete answers to the following questions.

1 ¿Podría usted decirme dónde está el correo?

_____

2 ¿Qué verían ustedes en Madrid?

_____

3 ¿Trabajaría usted en Sudamérica?

_____

4 ¿Le prometió su novio(a) que la (lo) llamaría anoche?

_____

5 ¿Cuánto tiempo hace que murió Francisco Franco?   (1975)

_____

6 ¿Para qué vino usted a la universidad?

_____

7 ¿Cuánto tiempo hace que no sale usted a bailar?

_____

8 ¿A qué hora volvió su compañero(a) de cuarto anoche?

_____

9 ¿Cuánto pagó usted por esos zapatos?

_____

10 ¿Qué le prometió usted a su compañero(a) que haría?

_____

11. *Composición*

Write five sentences about what you would do this weekend with more money.

_____

_____

_____

_____

_____

Vocabulario

Crucigrama

Complete the **crucigrama** *as suggested by the cues, using vocabulary from Lesson 13. Use all capital letters, without accent marks.*

HORIZONTALES

2 Tiempo sin fin.
4 La persona más alta en la compañía.
8 Lo que sienten los novios.
12 Es sinónimo de **hermoso**.
13 Uno que vive en China.
14 Después de primero.
15 Palabra que quiere decir **espectáculo**.
17 Se usa para conversar.
18 Donde se baila el flamenco.
19 Decir algo claramente.

VERTICALES

1 Algo que es muy importante para los deportistas.
3 Se usa cuando uno quiere preparar un plato especial.
5 Los años que tiene uno.
6 Necesarios para entrar en un partido.
7 Una medida de distancia.
9 Un espacio de tiempo muy corto.
10 Quiere decir **cien años**.
11 Uno que vive en la próxima casa.
16 Donde distribuyen las cartas.
20 Algo que se vende por mucho dinero.

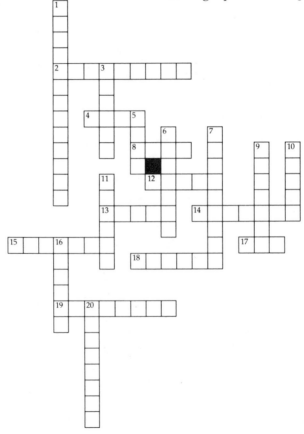

LECCIÓN 14

¿Lógica o absurda?

You will hear ten pairs of statements. If the two statements are logically related, circle L (lógica). If they do not go together, circle A (absurda).

1 L A   3 L A   5 L A   7 L A   9 L A

2 L A   4 L A   6 L A   8 L A   10 L A

Notas culturales

You will hear the notas, and then a series of statements. If a statement is true according to the nota, circle V (verdadero). If it is false, circle F (falso).

El seguro social; parteras y curanderas

1 V F   2 V F

La farmacia, la botica y la botánica

1 V F   3 V F   5 V F

2 V F   4 V F   6 V F

Lectura

You will hear the lectura, and then a series of statements. If a statement is true according to the lectura, circle V (verdadero). If it is false, circle F (falso).

1 V F   3 V F   5 V F   7 V F

2 V F   4 V F   6 V F   8 V F

Narración

You will hear the **narración**, and then a series of statements. If a statement is true in terms of the **narración**, circle **V** (**verdadero**). If it is false, circle **F** (**falso**).

1 V F   3 V F   5 V F   7 V F   9 V F

2 V F   4 V F   6 V F   8 V F   10 V F

Procesamiento de palabras

1. El pretérito perfecto

A Give the past participle of the following verbs.

1 (salir)   salido

2 (eliminar)   eliminado

3 (responder)   respondido

4 (congelar)   congelado

5 (divertir)   divertido

6 (creer)   creído

7 (hacer)   ~~hacido~~ hecho

8 (escribir)   escrito

9 (decir)   dicho

10 (morir)   muerto

B Answer the following questions in the affirmative, using the present-perfect tense.

1 ¿Estudiaron ellos?

  Sí, han estudiado.

2 ¿Se lo dijeron a él?

  Sí, él se lo han dicho.

3 ¿Cantó Elena con ese grupo?

  Sí, Elena ha cantado con ese grupo.

4 ¿Trajo sobretodo la señora Guerrero?

  Sí, la señora Guerrero ha traído sobretodo.

5 ¿Los visitaron ellos?

  Sí, ellos los han visitado

6 ¿Volvió él a casa hoy?

  Sí, él ha vuelto a casa hoy.

7 ¿Pagasteis la cuenta?

  Sí, hemos pagado la cuenta

C *Answer the following questions in the negative, following the model.*

1 ¿Te vas a afeitar?

  No, porque ya me he afeitado.

2 ¿Nos va a visitar un médico?

_____

3 ¿Va usted por pan?

_____

4 ¿Vas a llamar a tu novio(a)?

_____

5 ¿Nos va a escribir el presidente?

_____

6 ¿Va a haber fiesta?

_____

7 ¿Vas a abrir la puerta?

_____

2. *El pluscuamperfecto*

Answer each question as suggested by the cue, using a verb in the pluperfect.

1 ¿Qué dijo David?   (tomar un par de cervezas)

  Dijo que había tomado un par de cervezas.

2 ¿Qué dijo Susana?   (no sufrir de anorexia)

_____

3 ¿Qué dijeron los dos?   (no comer nada)

_____

4 ¿Qué dijo usted?   (no oír del accidente)

_____

5 ¿Qué dijo David?   (no tomar un montón de pastillas)

_____

6 ¿Qué dijo usted?   (traerle un regalo a Susana)

_____

3. El potencial compuesto

Complete the answers to the following questions, using the conditional perfect.

1 ¿Fuiste al tablao?

Con más tiempo ___**habría ido al tablao.**___

2 ¿Viajaron ustedes por avión?

Con más dinero _____

3 ¿Ganaron ellos el partido?

Con más suerte _____

4 ¿Compraste varios recuerdos?

Con más dinero _____

5 ¿Te pusiste ese vestido elegante?

Con más tiempo _____

4. El futuro perfecto

Complete the answers using the future-perfect tense.

1 ¿A qué hora llegarás a tu casa?

Para las siete ___**habré llegado.**___

2 ¿Cuándo volverán ellos de las vacaciones?

Para el domingo _____

3 ¿Cuándo se levantará usted mañana?

Para las siete y media ya _____

4 ¿Van ustedes a llegar a tiempo?

Sí, para esta hora mañana _____

5 ¿Vas a decirle todo?

Sí, mañana _____

5. El participio pasado como adjetivo

Give the Spanish equivalent.

1 The door is open.

La puerta está abierta.

2 You (**tú**, *m*) seem to be tired.

Tú estás aparecido cansado

3 He is lying down now.

Él está descansado ahora.

4 They (*f*) are sitting (seated) in my office.

Ellas están sentadas en mi oficina.

5 These shoes are not shined!

Esos zapatos no están lujados.

6. Ser *y* estar—*repaso*

Fill in the blank with the appropriate form of **ser** *or* **estar**.

1 ¿Dónde _____ están _____ mis sandalias?

2 ¿Adónde _____ fueron   estuvieron _____ ustedes anoche?

3 La reunión _____ es   será _____ en mi oficina mañana.

4 Usted _____ es _____ de California, ¿no?

5 Mi hermanito _____ está _____ enfermo otra vez.

6 El carro del taxista _____ está   es _____ nuevo también.

7 ¡Ah, ___*está*___ muy bonita hoy!

8 ¿___*Es*___ de México Susana?

9 ¿___*Está*___ cerrada la puerta?

10 ¿Dónde ___~~es~~ *fue*___ el examen ayer?   (*Where did it take place?*)

7. La voz pasiva

A *Answer the questions, using the passive voice.*

1 ¿Quién publicó ese libro?   (la compañía de mi tío)

  Ese libro fue publicado por la compañía de mi tío.

2 ¿Quién descubrió América?   (Cristóbal Colón)

  América fue descubierta por Cristóbal Colón.

3 ¿Quiénes compraron ese regalo?   (Susana y sus amigos)

  Ese regalo fue comprado por Susana y sus amigos.

4 ¿Quién escribió ese libro?   (mi tía)

  Ese libro fue escrito por mi tía.

5 ¿Quién construyó esas casas?   (el señor Lozano)

  Esas casas fueron construidas por el señor Lozano.

6 ¿Quién organizó la fiesta de anoche?   (David)

  La fiesta fue organizado por David.

B *Fill in the blank with the correct form of the verb* **ser** *or* **estar** *as appropriate.*

1 Al fin del día yo siempre ___*estoy*___ muy cansado.

2 La puerta ___~~está~~ *estuvo*___ abierta desde las seis y media.

3 ¿Por quién ___~~estuvo~~ *fue*___ abierta esa puerta anoche?

4 No pueden hablarle ahora; ella ___*está*___ dormida.

5 El nuevo contrato ___*fue*___ publicado por el jefe.

8. Adjetivos posesivos—formas enfáticas

Answer in the affirmative, using the long form of the possessive adjectives.

1 Esa chica, ¿es amiga de usted?

   Sí, es una amiga mía.

2 Ese joven, ¿es amigo de ella?

   Sí, es un amigo suyo.

3 Esos chicos, ¿son amigos de nosotros?

   Sí, son amigos nuestros

4 Esa señora, ¿es profesora de ellos?

   Sí, es profesora suya.

5 Ese muchacho, ¿es compañero de él?

   Sí, es compañero suyo.

6 Esos señores, ¿son profesores de ustedes?

   Sí, son profesores nuestros

7 Esos jóvenes, ¿son hermanos de él?

   Sí, son hermanos suyos.

8 Estas chicas, ¿son amigas de ustedes?

   Sí, son amigas nuestras.

9. Pronombres posesivos

A *Complete the sentences, using possessive pronouns.*

1 (de ti) Aquí está mi lápiz, pero ¿dónde está **el tuyo** ?

2 (de mí) Yo conozco a tus padres, pero tú no conoces a *los míos.*

3 (de él) Este pasaporte es mío, y ese pasaporte es *el suyo.*

4 (de nosotros) Ustedes están en la clase de ellos, y ellos están en *la nuestra* .

5 (de ellos) Me gustan los sombreros nuestros, pero no me gustan

   los suyos .

6 (de mí) Los otros estudiantes tienen sus boletos, pero nadie ha visto

   el mío.
   ~~*los míos*~~ .

7 (de ti) Charo tiene sus problemas, y tú tienes *los tuyos* .

B *Complete the sentences, using possessive pronouns appropriate to the subjects of the verbs.*

1 ¿Quiénes tienen sus libros?

   Yo tengo **los míos** , pero ellos no tienen **los suyos** .

2 ¿Qué razones tienen para sus acciones?

Yo tengo ___*los míos*___ , los otros tendrán ___*los suyos.*___ .

3 ¿Dónde dejaron sus carros?

Yo dejé ___*el mío*___ en la esquina, Olivia dejó

___*el suyo*___ en casa.

4 ¿Quiénes tienen pasaportes?

Tú tienes ___~~los~~ *él tuyo*___ , pero yo he perdido ___*el mío*___ .

5 ¿Cuándo compraron sus boletos?

Yo compré ___*los míos*___ hace una hora, pero Tomás compró

___*los suyos*___ hace dos días.

C *Clarify the following sentences, using the alternate third-person possessive form and incorporating the information in the cues.*

1 El suyo es más grande. (el señor Torres)

___**El del señor Torres**___ es más grande.

2 Aquí están las suyas. (ellas)

Aquí están ___*las de ellas*___ .

3 Los suyos son muy caros. (mamá)

___*Los de mamá*___ son muy caros.

4 No vinieron las suyas. (el joven)

No vinieron ___*las del joven*___ .

5 Este carro es suyo. (ustedes)

Este carro es ___*el de ustedes*___ .

10. Resumen

Write the correct response in the blank.

1 ¿Conoces a mi hermana? No, no la he _____ .
   a) conocida   (b) conocido   c) conocí

2 Le expliqué que yo _____ comido antes de llegar a la fiesta.
   (a) había   b) he   c) haber

3 Yo no quise trabajar en esas condiciones. ¿ _____ trabajado usted?
    a) Ha   b) Habría   c) Habrías

4 No me gusta la clase. _____ muy aburrida.
    a) Es   b) Está   c) Ha

5 ¿Dónde _____ hechas esas botas?
    a) están   b) fue   c) fueron

6 ¡Ah, me gustan mucho tus botas! ¿Te gustan _____ ?
    a) las mías   b) el mío   c) los míos

7 ¿Abrió alguien las ventanas? Sí, _____ abiertas.
    a) están   b) son   c) serán

Expresión individual

11. *Complete las frases*

1 Yo tengo mis pastillas. Él _____ .

2 Mi camisa es bonita. _____ es bonita también.

3 Ahora me siento _____ .

4 A mí _____ .

5 _____ enfermo.

12. *Forme preguntas*

1 Sí, me duele mucho.

  ¿ _____ ?

2 No, no lo sabía.

  ¿ _____ ?

3 No, no me han puesto inyecciones.

  ¿ _____ ?

4 Sí, ya habían salido cuando yo llegué.

¿ _____ ?

5 Sí, ya la había abierto.

¿ _____ ?

13. *Preguntas personales*

1 ¿Qué has aprendido en la clase?

_____

2 ¿Le han gustado sus estudios este año?

_____

3 ¿Cuánto tiempo hace que no visita a un enfermo en el hospital?

_____

4 ¿Ha seguido usted una dieta?

_____

5 Cuando empezó el semestre, ¿había estudiado usted español?

_____

6 Cuando se habla de familias, ¿qué dice usted de la suya?

_____

7 ¿Cuántas veces ha ido usted al dentista este año?

_____

8 Con más dinero, ¿habría viajado usted a España el verano pasado?

_____

9 ¿Qué hace usted cuando está cansado(a)?

_____

10 ¿Ha descubierto usted algo nuevo este año?

_____

14. *Composición*

Write five sentences about an accident you or your friends have had. Make something up if you prefer.

_____

_____

_____

_____

_____

Vocabulario

Unscramble the words at the right and write them next to the appropriate expression. Two items will not be used.

1 Donde uno va para ver al médico. _____

2 Como se sienten muchos enfermos. _____

3 Sinónimo de **no interesado**. _____

4 Se encuentra en la boca. _____

5 Como se pone uno antes de dar un discurso. _____

6 Persona que visita al médico. _____

7 Lo que es uno que no es joven. _____

8 Se dice de uno que trabaja mucho. _____

9 Antónimo de **abrir**. _____

10 Encontrar algo nuevo. _____

11 Una forma de dar medicina. _____

racrer
rodibrua
rioconsulto
sonervio
seprimidad
eojiv
osodustrini
euchoq
desbrircu
prosoe
nosa
eónycinic
bidlé
acrea
taci
amuel
tienpeca

12 La condición de uno que no es fuerte. _____

13 Sinónimo de **descanso**. _____

14 Lo que se arregla con la recepcionista. _____

15 Se dice de uno que no está enfermo. _____

LECCIÓN 15

Laboratorio

¿Lógica o absurda?

You will hear ten pairs of statements. If the two statements are logically related, circle L (lógica). If they do not go together, circle A (absurda).

1 L A   3 L A   5 L A   7 L A   9 L A

2 L A   4 L A   6 L A   8 L A   10 L A

Notas culturales

*You will hear the **notas**, and then a series of statements. If a statement is true according to the **nota**, circle V (verdadero). If it is false, circle F (falso).*

Huelga de estudiantes

1 V F   2 V F   3 V F

Hasta el cuello en deudas

1 V F   2 V F

El papa y la violencia

1 V F   2 V F   3 V F   4 V F   5 V F

Las ásperas sangres del terror

1 V F   2 V F   3 V F

Lectura

You will hear the **lectura**, *and then a series of statements. If a statement is true according to the* **lectura**, *circle* **V** *(***verdadero***). If it is false, circle* **F** *(***falso***).*

1 V F   3 V F   5 V F   7 V F

2 V F   4 V F   6 V F   8 V F

Narración

You will hear the **narración**, *and then a series of statements. If a statement is true in terms of the* **narración**, *circle* **V** *(***verdadero***). If it is false, circle* **F** *(***falso***).*

1 V F   3 V F   5 V F   7 V F   9 V F

2 V F   4 V F   6 V F   8 V F   10 V F

Procesamiento de palabras

1. El presente de subjuntivo en cláusulas sustantivas

A *Form a single sentence from the parts given, using the present subjunctive.*

1 Rafael viene mañana. Pedimos que . . .

  Pedimos que Rafael venga mañana.

2 Mi novia me compra un regalo para la Navidad. Quiero que . . .

_____

3 Visitamos a la familia. Julio quiere que . . .

_____

4 El gobierno no aumenta los salarios. Todos preferimos que . . .

_____

5 Limpio mi cuarto. Mi compañero espera que . . .

_____

6 Alguien me presta un lápiz. Pido que . . .

_____

7 Lo llevamos a la farmacia. David necesita que . . .

_____

8 Nos prestan unos libros. Dígales que . . .

_____

9 No me escribe mucho. Siento que . . .

_____

10 Lo comprendemos. Quieren que . . .

_____

B *Respond in the negative, using the cue as the subject of the noun clause.*

1 ¿Quiere Elena ver la televisión?   (ustedes)

No, Elena quiere que ustedes vean la televisión.

2 ¿Héctor prefiere trabajar para *El Mercurio*?   (los otros)

_____

3 ¿El profesor quiere leer las instrucciones?   (nosotros)

_____

4 ¿Insiste mamá en tomar las pastillas?   (yo)

_____

5 ¿Prefiere usted preparar la cena?   (usted)

_____

2. El presente de subjuntivo: verbos regulares e irregulares

A *Fill in the blank with the correct present-subjunctive form of the verb indicated.*

1 (traer) Espero que ella __**traiga**__ la música.

2 (apurarse) Quiero que ustedes _____ .

3 (dar) ¿Quieres que yo te _____ mi dirección?

4 (acompañar) ¿Quieren ustedes que yo los _____ ?

5 (esperar) Dígales que _____ un momento.

6 (hacer) ¿Qué quieren ustedes que yo _____ ?

7 (visitar) Dudo que él nos _____ .

8 (ir) Es importante que usted _____ al partido.

9 (pagar) Pídale a ella que _____ la cuenta.

10 (conocer) Quiero que tú _____ a mi hermano.

B *Complete the sentences, changing from the present indicative to the present subjunctive.*

1 Él dice que yo salgo.

Él manda que yo __**salga**__ .

2 Él dice que yo hago el trabajo.

Él manda que yo _____ el trabajo.

3 Él dice que yo lo traduzco bien.

Él quiere que yo lo _____ bien.

4 Él dice que yo voy al cine.

Él prohíbe que yo _____ al cine.

5 Él dice que yo soy bueno.

Él pide que yo _____ bueno.

6 Él dice que yo conozco a su primo.

Él desea que yo _____ a su primo.

7 Él dice que le doy el dinero.

Él pide que le _____ el dinero.

3. El presente de subjuntivo de verbos que cambian en la raíz

A *Choose the appropriate verb and write the correct form in the blank.*

1 (doler/volver) Es posible que nosotros __**volvamos**__ el sábado.

2 (cerrar/volar) ¿Quiere usted que yo _____ las ventanas?

3 (poder/pedir) Siento que ustedes no _____ ir también.

4 (probar/entender) Dudamos que ellos _____ bien.

5 (seguir/sentir) Ellos quieren que yo _____ otra carrera.

B *Complete the sentences, using the present subjunctive of the verb indicated in the cue.*

1 (cerrar) Él prohíbe que ustedes __cierren__ la puerta.

2 (entender) Él espera que nosotros _____ las lecciones.

3 (dormir) Él me aconseja que _____ ocho horas cada noche.

4 (perder) No conviene que nosotros _____ el partido.

5 (volver) Él se alegra de que tú _____ a los estudios.

6 (sentir) Él prefiere que yo no _____ dolor.

7 (seguir) Él quiere que nosotros le _____ pagando dinero.

8 (pedir) Él prohíbe que ellas le _____ favores.

4. *El presente de subjuntivo con* ojalá

Write complete sentences using the information given.

1 Ojalá / Roberto / prestarme / zapato / marrón

  Ojalá que Roberto me preste sus zapatos marrones.

2 Ojalá / ellos / comprar / casa / amarilla

_____

3 Ojalá / él / darme / flor / rosada

_____

4 Ojalá / ella / vendernos / carro / dorado

_____

5 Ojalá / él / gustar / camisa / azul

_____

5. El infinitivo o el subjuntivo

Give the Spanish equivalent of the following. Use **tú** *to translate "you."*

1 I want to dance.

   Quiero bailar.

2 I want you to dance.

   Quiero que bailes.

3 I want you to buy me some red shoes.

_____

4 I want to buy you a white shirt.

_____

5 We hope to go with you to the football game.

_____

6 We hope you will go with us to the movies.

_____

7 He's sorry she can't go out with him.

_____

8 She's sorry she can't go out with him, too.

_____

9 We want to sing in the program.

_____

10 They want us to sing in the program.

_____

6. El subjuntivo o el indicativo en la cláusula sustantiva.

A *Fill in the blanks with the present indicative or the present subjunctive of the verbs given in the cues.*

1 (poder) Dudo que ellos lo __**puedan**__ comprar.

2 (ayudar) Pídale que lo _____ .

3 (venir) Estoy seguro que ella no _____ hasta mañana.

4 (ir) Dicen que ellos nos _____ a vender los boletos.

5 (saber) No quiero que ellos _____ la dirección.

6 (salir) Yo sé que mi novio no _____ con otras chicas.

7 (tener) Siento que ustedes _____ que oír esas palabras.

8 (dar) Prometo que yo les _____ el dinero mañana.

9 (contestar) Ojalá que ella me _____ que sí.

B *In the blank write the word which completes each sentence correctly.*

1 Piden que ustedes __**toquen**__ en la orquesta.
   a) tocar   b) tocan   c) toquen

2 Queremos _____ español en la clase.
   a) hablar   b) hablamos   c) hablemos

3 Dudo que tú me _____ .
   a) comprender   b) comprendes   c) comprendas

4 Yo quiero _____ en la biblioteca.
   a) estudiar   b) estudio   c) estudie

5 Quiero que tú _____ en la biblioteca también.
   a) estudiar   b) estudias   c) estudies

6 A nadie le gusta que _____ tarde.
   a) llegar   b) lleguemos   c) llegamos

7 Prefiero que ustedes _____ el libro hoy.
   a) terminar   b) terminan   c) terminen

8 Ojalá que _____ ver esa película.
   a) poder   b) podamos   c) podemos

9 ¿Sientes que ella _____ enferma?
   a) esté   b) está   c) estar

10 Nos mandan que _____ antes del partido.
   a) descansar   b) descansamos   c) descansemos

11 No quiere _____ un carro morado.
   a) tener   b) tengo   c) tenga

7. *El subjuntivo o el indicativo con* **creer, pensar, tal vez y quizás**

Fill in the blanks with the same verbs used in the questions. Use the indicative or the subjunctive as required by the context of the answer.

1 ¿Cree usted que vuelvan hoy?

   Sí, creo que ___**vuelven**___ hoy.

2 ¿Piensan ustedes que los muchachos sean sanos?

   Sí, pensamos que los muchachos _____ sanos.

3 ¿Cree Alberto que su equipo pueda ganar el campeonato?

   Sí, Alberto cree que su equipo _____ ganar el campeonato.

4 ¿Creen ustedes que su padre les permita ir?

   No, no creemos que él nos _____ ir.

5 ¿Piensa usted que ellos puedan llegar un poco temprano?

   No, no pienso que _____ llegar un poco temprano.

6 ¿Viene Lisa mañana?

   No sé. Tal vez _____ .

7 ¿Van a ganar el oro ustedes?

   Tal vez lo _____ .

8 ¿Hay tiempo para tomar una coca?

   _____ tiempo, quizás.

9 ¿Quieres acompañarnos al partido?

   Sí, los _____ , tal vez.

10 ¿Ellos no celebran después de ganar?

   Quizás _____ más tarde.

8. Resumen

Choose the appropriate verb and write the correct form in the blank.

1 (apurar/perder/traer) Ojalá que ellos no _____ el partido.

2 (pensar/oír/pedir) Yo _____ ver el campeonato.

3 (parecer/acompañar/servir) Duda que Lisa nos _____ a celebrar.

4 (preferir/saber/venir) Quizás ella _____ con los otros.

5 (comprar/terminar/disfrutar) Prefiero que él me _____ esa flor rosada.

6 (lustrar/cerrar/llegar) Ellos no _____ la tienda hasta las ocho, tal vez.

7 (haber/seguir/convenir) No creo que _____ tiempo para una fiesta.

8 (tratar/componer/dejar) Siento que el redactor no me _____ mejor.

9 (alegrar/deber/estar) Creo que ella _____ contenta.

10 (pasar/comer/poder) Espero _____ un sandwich antes de ir al partido.

Expresión individual

9. Complete las frases

1 Tal vez _____ .

2 No quiero que _____ .

3 ¿Duda usted que _____ ?

4 Es posible _____ .

5 Prohíben que _____ .

10. Forme preguntas

1 Sí, quiero que él haga el trabajo.

¿ _____ ?

2 No, no me gusta que canten.

¿ _____ ?

3 Sí, creo que vuelven hoy.

¿ _____ ?

4 No, no quiero que nos acompañe.

¿ _____ ?

5 Sí, creo que tengan mucha suerte.

¿ _____ ?

11. Preguntas personales

Answer each question with a complete sentence.

1 ¿Cuál es el color favorito de su novio(a)?

_____

2 ¿Espera usted que su compañero(a) prepare la cena esta noche?

_____

3 ¿Quiere usted tomar algo ahora?

_____

4 ¿Piensa el profesor que ustedes puedan aprender bien el español?

_____

5 ¿Espera usted viajar por España algún día?

_____

6 ¿Quiere usted que la clase termine temprano?

_____

7 ¿Le gusta al profesor que los estudiantes se duerman en la clase?

_____

8 ¿Cree usted que sea necesario estudiar?

_____

9 ¿Quiere usted que llueva mañana?

_____

10 ¿Qué quiere usted que le explique el profesor?

_____

12. Composición

Write five sentences about what you want, prefer, or order your roommates, parents, or instructor to do.

_____

_____

_____

_____

_____

Vocabulario

In each set circle the word that does not belong there.

1 a) alimento   b) partido   c) dieta   d) comida

2 a) prensa   b) periodismo   c) redactor   d) ciudadano

3 a) cárcel   b) privilegio   c) prender   d) víctima

4 a) tal vez   b) quizás   c) seguro   d) posible

5 a) palabra   b) salario   c) pagar   d) precio

6 a) párrafo   b) sindicato   c) frase   d) página

7 a) rebaja   b) cuenta   c) costar   d) convenir

8 a) claro   b) anaranjado   c) oscuro   d) necesario

9 a) blusa   b) arete   c) noticia   d) corbata

10 a) inesperado   b) noticia   c) sorpresa   d) incrédulo

LISTENING COMPREHENSION EXAM

Lecciones 13–15

¿Verdadero o falso?

*You will hear five sentences on the tape that are either true or false. If a sentence is true, circle **V** (**verdadero**). If it is false, circle **F** (**falso**).*

1 V F   2 V F   3 V F   4 V F   5 V F

¿Lógica o absurda?

*You will hear five pairs of statements or questions and answers. If the two are logically related, circle **L** (**lógica**). If they do not go together, circle **A** (**absurda**).*

1 L A   2 L A   3 L A   4 L A   5 L A

Selección múltiple

*You will hear 35 questions with three answer choices for each, only one of which is correct. Circle the letter (**A**, **B**, or **C**) of the correct choice.*

1 A B C	8 A B C	15 A B C	22 A B C	29 A B C
2 A B C	9 A B C	16 A B C	23 A B C	30 A B C
3 A B C	10 A B C	17 A B C	24 A B C	31 A B C
4 A B C	11 A B C	18 A B C	25 A B C	32 A B C
5 A B C	12 A B C	19 A B C	26 A B C	33 A B C
6 A B C	13 A B C	20 A B C	27 A B C	34 A B C
7 A B C	14 A B C	21 A B C	28 A B C	35 A B C

Preguntas

You will hear five questions. Write an appropriate response to each one.

1 _____

_____

2 _____

_____

3 _____

_____

4 _____

_____

5 _____

_____

LECCIÓN 16

Laboratorio

¿Lógica o absurda?

*You will hear ten pairs of statements. If the two statements are logically related, circle **L** (**lógica**). If they do not go together, circle **A** (**absurda**).*

1 L A	**3** L A	**5** L A	**7** L A	**9** L A
2 L A	**4** L A	**6** L A	**8** L A	**10** L A

Notas culturales

*You will hear the **notas**, and then a series of statements. If a statement is true according to the **nota**, circle **V** (**verdadero**). If it is false, circle **F** (**falso**).*

La música popular

1 V F	**2** V F	**3** V F

La música clásica

1 V F	**3** V F	**5** V F
2 V F	**4** V F	**6** V F

Lectura

*You will hear the **lectura**, and then a series of statements. If a statement is true according to the **lectura**, circle **V** (**verdadero**). If it is false, circle **F** (**falso**).*

1 V F	**3** V F	**5** V F
2 V F	**4** V F	**6** V F

Narración

*You will hear the **narración**, and then a series of statements. If a statement is true in terms of the **narración**, circle **V** (**verdadero**). If it is false, circle **F** (**falso**).*

1 V F	**3** V F	**5** V F	**7** V F	**9** V F
2 V F	**4** V F	**6** V F	**8** V F	**10** V F

Procesamiento de palabras

1. El presente de subjuntivo en cláusulas adjetivas

A *Write the subjunctive or indicative form of the verb, as the context requires.*

1 (tener) Busco un disco que ___tenga___ melodías latinas.

2 (saber) ¿Hay alguien que _____ cantar esta canción?

3 (ser) Tengo muchos discos que _____ de México.

4 (ser) No conozco a nadie que _____ tan guapa como mi novia.

5 (hablar) Aquí no hay nadie que _____ italiano.

6 (tocar) Elena busca una persona que _____ la guitarra.

7 (esquiar) José conoce a dos muchachos que _____ muy bien.

8 (querer) Conozco a alguien que te _____ mucho.

9 (acompañar) ¿Conoces a alguién que nos _____ al concierto?

10 (parecer) Encontramos un apartamento que nos _____ bien.

B *Give the Spanish equivalent.*

1 I'm looking for someone who can help me.

_____

2 My roommate says he prefers someone who doesn't snore.

_____

3 Inés wants to meet a guy who appreciates classical music.

_____

4 Do you (**usted**-form) have a friend who is always asking you for money?

_____

2. El presente de subjuntivo en cláusulas sustantivas—repaso

Complete each sentence, using the information given in the preceding statement.

1 Roberto dice que va al concierto con nosotros.

Dudo que ___**Roberto vaya al concierto con nosotros.**___

2 Juana nunca escucha la música de los mariachis.

Quiero que _____

3 Dicen que no quieren venderme ese carro.

Espero que _____

4 Mi novio está muy enfermo.

Siento que _____

5 Él no quiere darme los discos.

Necesito que _____

3. El uso del subjuntivo con expresiones impersonales

Choose the appropriate verb, then complete the sentence with the correct indicative or subjunctive form.

1 (estar/ser) Es posible que el carro ___**sea**___ de ella.

2 (poder/pedir) Es cierto que él _____ explicarlo todo.

3 (haber/ser) Es evidente que nosotros no _____ ricos.

4 (saber/ver) Es mejor que ellos no nos _____ ahora.

5 (gustar/tener) Es que yo no _____ ganas de escuchar esa música.

6 (decidir/llover) Es importante que ustedes _____ pronto.

7 (poner/querer)   ¿Es posible que nadie _____ probarse este vestido?

8 (haber/hacer)   No es verdad que _____ clase mañana.

9 (perder/ganar)   Es una lástima que nosotros _____ en todos los deportes.

10 (ser/venir)   No es necesario que ustedes _____ también.

4. El presente de subjuntivo en mandatos indirectos

Write the Spanish equivalent, using the present subjunctive.

1 Let Pepe do it.

   Que Pepe lo haga.

2 Have Pedro close the windows.

_____

3 Let José and Inés bring the music.

_____

4 Have Juan tell us.

_____

5 Have Raúl come.

_____

6 Let them buy the tickets.

_____

7 Let the mariachis play.

_____

8 Let your (**tú**-form) roommate cook dinner.

_____

9 Have them visit us.

_____

10 Let María decide.

_____

5. *El presente de subjuntivo con el imperativo de primera persona plural*

Respond with a "let's"-command.

1 ¿Comemos ahora?

Sí, __**comamos**__ .

2 ¿Dónde nos sentamos?

_____ ahí.

3 ¿Vamos ahora?

Sí, _____ .

4 ¿Jugamos con ellos?

No, _____ .

5 ¿Nos quedamos aquí?

No, _____ .

6 ¿Cuándo lo abrimos?

_____ ahora.

7 ¿A qué hora lo hacemos?

_____ a las siete.

8 ¿Nos vestimos en trajes de gala?

Sí, _____ .

6. Pedir *o* preguntar

Fill in the blanks with the correct form of **pedir** *or* **preguntar** *as the context and the cues require.*

1 Ayer yo le __**pedí**__ un favor.

2 Quiero _____-le algo acerca de la gramática.

3 (*Ask them*) _____ que vengan mañana.

4 (*Ask him*) _____ si está bien.

5 (*he asked*) Nos _____ algo muy difícil.

6 (*asked for*) Ellos no me _____ nada.

7 (*we will ask*) Les _____ que traigan la comida.

8 (*Ask them*) _____ si nos conocen.

9 Ella me _____ que pase por su casa.

7. Resumen

Write the correct response in the blank.

1 *Let's go now!* _____
   a) ¡Qué vaya ahora!   b) ¡Vámonos ahora!   c) ¡Vayamos ahora!

2 Busco una persona que no _____ .
   a) ronque   b) come mucho   c) madruga

3 ¿Quién le _____ si yo estaba enferma?
   a) preguntó   b) pidió   c) hizo la pregunta

4 Prefiero que ustedes no _____ eso.
   a) olvidan   b) vengan   c) publiquen

5 Es importante que _____ un poco temprano.
   a) lleguemos   b) terminamos   c) salimos

6 ¿Quién es esa chica que _____ tan bien?
   a) toca la guitarra   b) toque el piano   c) baile el flamenco

7 Quiero que me presentes a un muchacho que no _____ tan amoroso.
   a) ser   b) sea   c) es

8 —¿Quiere sentarse usted?

   —No. Que _____ esa señora.
   a) se siente   b) se sienta   c) siéntese

9 —No te gustó lo que se escribió, ¿verdad?

   —Es cierto. No _____ más de ese artículo.
   a) hablar   b) hablamos   c) hablemos

10 No conozco a nadie que _____ en que hagamos eso.
   a) insiste   b) insista   c) insistes

Expresión individual

8. Complete las frases

1 Busco un amigo que _____ .

2 Tengo un tocadiscos que _____ .

3 Prefiero un(a) compañero(a) que _____ .

4 ¿Conoce usted a alguien que _____ ?

5 ¿Quiere usted que _____ ?

9. Forme preguntas

1 No, no me gusta la música clásica.

¿ _____ ?

2 No, no creo que ella venga.

¿ _____ ?

3 Sí, tenemos un disco que es de música clásica.

¿ _____ ?

4 Sí, conozco a un joven que puede hacerlo.

¿ _____ ?

5 No, no hay nadie aquí que esquíe bien.

¿ _____ ?

10. Preguntas personales

Answer each question with a complete sentence.

1 ¿A usted qué clase de música le gusta más?

_____

2 ¿Tiene muchos discos de esta música?

_____

3 ¿Toca usted la guitarra?

_____

4 ¿Conoce a alguien que la toque?

_____

5 ¿Se puede pedirle un favor?

_____

6 ¿Conoce usted a alguien que prefiera a los mariachis?

_____

7 ¿Nos sentamos aquí?

_____

8 ¿Es necesario prepararse bien para el futuro?

_____

9 ¿Qué quiere usted que hagamos en la clase?

_____

10 ¿Conoces un profesor que permita eso?

_____

13. Composición

Write five sentences about the kind of work you are looking for.

_____

_____

_____

_____

_____

Vocabulario

Find the words from Lesson 16 that fit the definitions and write them in the blanks. Then try your skill at finding the words in one of the three **SOPA DE LETRAS** grids. In Grid A the words are arranged horizontally or vertically only. In Grid B the words are listed horizontally, vertically, or diagonally. Grid C presents the words horizontally, vertically, or diagonally in either normal or inverted letter-order.

1 Sinónimo de **viaje**. _____

2 Uno que pinta, toca o canta. _____

3 Característica o aspecto de una canción. _____

4 Que es muy activo. _____

5 Uno que les da mucho dinero a otros es _____ .

6 Lo que hacen algunas personas mientras duermen. _____

7 Otra palabra que significa **esposo**. _____

8 El contrario de **activo**. _____

9 No decir la verdad. _____

10 Sinónimo de **muchos**. _____

11 Grupo de músicos. _____

12 Uno que siente por otros tiene _____ .

13 Sirve para hablar. _____

14 Explicar algo desconocido. _____

15 Preparar una comida por medio de fuego. _____

Sopas de letras

A

```
X P O T L E N G U A R E M P H
C J V M K H B Q B T S U A Y B
O Y E X C U R S I O N P A Z N
M W V T G E N E R O S O C H G
P D A R M E N H J C J W Z G M
A Z R O O Q F T I A L F C O E
S C I N T E R P R E T A R R L
I O O C V H N A T N C I N Q O
O C S A B S H S Z E I M Q U D
N I O R F Z C I Y R Y E H E I
L N O V R E O V R G T N U S A
F A I W B F L O Q I K T D T F
V R V K A J O R Z C B I S A A
A A A R T I S T A C A R E B A
L B R G M A R I D O I Y S P K
```

B

```
Q C C E R K B S R W T U U O L D R C U I
H E O Z I I A Y V M D U Q P V C T D F Q
Z R G M I K Q Q B G E N E R O S O M D M
Y I U S P O Z T W W S J Y Q Z H W M Q E
B O Y A V A R B I N T E R P R E T A R L
A W C C R I S E N E R G I C O Y M T N O
K T I T T T E I J T Y F V U F Y A Y Z D
D Z I N H Y I I O M M R O N C A R W U I
P F E F S C E S O N O J A K V A I R Q A
R M P I E F X N T U S X T Q B H D E B V
B F M G B F C J X A V I O K X U O S Q J
W S V D O W U E V M G V A P A A U A B X
Q G W C A A R G V H I T V A R I O S S V
W P G K X B S K M S S S D C D F D W D N
V M R G Z X I X A E L S B L O J C J P D
D N X X V X O P U I J E D D T C W E L T
F M E D J X N Q H U T L N F O W I O F B
F V E K M K R D T P G J B G L C W N C J
I K K I L O E B H W G W P N U X G K A U
M J E G I G N V F N Z E W K B A T X X R
```

C

```
D Q S A N W O D H A U K K M G X Y S C O L L N M Q
D Z N Z S M C M P Z B M L V L X D C L H S R Y I Z
B Q A T E Y V M T R O A E N D T Q L Y S D B W T X
W U G N E I W M Q L B J J Y M M G F J A V P B W U
Z A T S I E C O C I N A R A W L B U N Y M F V J S
O I N V L S X T P W Y I O L H L N I X U N H Z J
R N S M A P M C M G P K K A R T I S T A K T Y R H
P C V T F V J M U O S U J W T J M S M K O F L B P
E L O W V S I J W R X T U D M P H O J O N V Z L X
U Q N H M A Q D X U S L E X E D R V P R C G D X S
Q Z C T Y X R O L Z H I H L E X O T Y Q A R Z I H
U T A L Y S S R T W X O O S T S L Q T U R O Z U L
V U E X V O P D I R H Q Y N N T R R G E G H L G P
L L S U R N K C X J K C F U C N O A N S T U C V J
C H Z E L U I G E Z Y S S U G L U T C T L Q P P N
C H N C K M T C B H V Q C D J U J E O A T F A L O
I E M E L O D I A C T Q J I X X D R S C Z S P E I
G O I Y P V T G X M A R I D O Z I P K O I I Q L S
R H W Y J K M U S G W R E T I T W R A V I R U A A
E L E I I C C B A B K U J K W H C E C V N R U S P
N E C C O A U Y Y Q W P H L O K G T S K I O A Y M
E N C O K B I L J X V Y H K C Z Q N N F V M I V O
D G E Y G F K R E W A B V W K W I I Q P V V D G C
A U Q D G E H J H E R Q L A G A Q S V O A M R O A
X A U B B G B D X L J P S O M G S C O R Z C P O P
```

LECCIÓN 17

Laboratorio

¿Lógica o absurda?

You will hear ten pairs of statements. If the two statements are logically related, circle **L** *(lógica). If they do not go together, circle* **A** *(absurda).*

1 L A   3 L A   5 L A   7 L A   9 L A

2 L A   4 L A   6 L A   8 L A   10 L A

Notas culturales

You will hear the **notas**, *and then a series of statements. If a statement is true according to the* **nota**, *circle* **V** *(verdadero). If it is false, circle* **F** *(falso).*

La amistad y la confianza

1 V F   2 V F   3 V F   4 V F

Los padrinos y las madrinas

1 V F   2 V F   3 V F   4 V F

Santiago de Compostela

1 V F   2 V F   3 V F   4 V F   5 V F

Lectura

You will hear the **lectura**, and then a series of statements. If a statement is true according to the **lectura**, circle **V** (**verdadero**). If it is false, circle **F** (**falso**).

1 V F	**3** V F	**5** V F	**7** V F	**9** V F
2 V F	**4** V F	**6** V F	**8** V F	**10** V F

Narración

You will hear the **narración**, and then a series of statements. If a statement is true in terms of the **narración**, circle **V** (**verdadero**). If it is false, circle **F** (**falso**).

1 V F	**3** V F	**5** V F	**7** V F	**9** V F
2 V F	**4** V F	**6** V F	**8** V F	**10** V F

Procesamiento de palabras

1. El subjuntivo y el indicativo en la cláusula adverbial

A *Supply the correct form of the verb given in the cue.*

1 (ir)   Ella va a España antes que yo ___**vaya**___ .

2 (escribir, tú)   Te mando mi dirección para que me _____ una carta.

3 (tener, tú)   Aunque _____ sueño, escríbeme una carta.

4 (saber)   ¿Cómo hará todo eso sin que lo _____ los aduaneros?

5 (haber)   A menos que _____ más interés, no haremos el viaje.

6 (tener, nosotras)   Con tal que no _____ problemas, llegaremos a las cuatro.

7 (haber)   Llevamos cerveza en caso de que no _____ agua buena.

B *Write the Spanish equivalent of the following adverbial conjunctions.*

1 before ___antes (de) que___

2 provided that _____

3 unless _____

4 in case _____

5 in order that _____

6 without _____

7 when _____

8 until _____

9 although _____

10 while _____

11 as soon as _____

12 after _____

C *Supply the correct form of the verb given in the cue.*

1 (salir, nosotros) Cuando ___salimos___ del país, nos despedimos de todos.

2 (estar) Mientras que ellos _____ hablando, vamos a la cafetería.

3 (venir) Cuando ustedes _____ a visitarme, haremos otra fiesta.

4 (terminar) Después que _____ la despedida, iremos a casa.

5 (saber, yo) Tan pronto como _____ tu dirección, te mandaré la carta.

6 (hacer) Cuando ellos _____ una despedida, siempre dan regalos.

7 (costar) Aunque me _____ mucho, lo haré.

8 (llegar) Esperemos aquí hasta que _____ ella.

9 (poder) Vengan ustedes tan pronto como _____ .

10 (servir) Después que ellos _____ , siempre bailamos hasta las dos o tres de la mañana.

11 (hacer) Cuando _____ mal tiempo, no hacemos fiestas.

D *Give the Spanish equivalent of the following. Use* **tú**-*forms to translate "you."*

1 I'll bring the food provided you bring the gift.

_____

2 I have to talk to her when she arrives.

_____

3 How will you buy the gift without her knowing it?

_____

4 When she's tired, she doesn't like to go to parties.

_____

5 We are having this farewell party so that you will remember us.

_____

_____

6 While you are in Spain, you will have to try the Galician cheese.

_____

_____

7 Before we give you this gift, you have to speak.

_____

8 After we get home, what will you do?

_____

9 Write us as soon as you get home.

_____

10 I usually write as soon as I can after a trip.

_____

_____

2. Usos del infinitivo

A *Complete the sentences, using the infinitives suggested by the English cues.*

1 (*finishing*) Después de ___terminar___ , él corrió a casa.

2 (*leaving*) Antes de _____ , nos despedimos de todos.

3 (*waiting*) Fuimos al baile sin _____ a José y a Raúl.

B *Complete the sentences by supplying the appropriate infinitive plus* **al.**

1 (*Upon entering*) ___Al entrar___ en la casa, todos gritaron.

2 (*Upon taking*) _____ la foto, ella comenzó a llorar.

3 (*Upon finishing*) _____ la cena, salimos a bailar.

C *Translate, using an infinitive as a verb complement.*

1 I hope to be able to visit Santiago de Compostela.

  Espero poder visitar Santiago de Compostela.

2 I like to go to parties.

  _____

3 I want to learn the customs before I go.

  _____

4 I prefer to eat later.

  _____

D *Rewrite the sentences, supplying the appropriate subjunctive forms required by inserting the subjects given in the cues.*

1 No podemos divertirnos sin bailar y cantar. (sin que todos)

  No podemos divertirnos sin que todos bailen y canten.

2 Él no quiere salir hasta saludar a todos. (hasta que yo)

  _____

3 Iremos a la fiesta para despedirnos de ti.   (para que tú—de nosotros)

_____

4 Quieren comer antes de salir.   (antes que él)

_____

5 Espero poder ir.   (que usted)

_____

3. El imperfecto de subjuntivo—la formación de verbos regulares e irregulares

A _Write the appropriate imperfect-subjunctive form._

1 hablar, ellos __hablaran_____   9 estar, nosotros _____

2 decidir, yo _____   10 dar, yo _____

3 vender, tú _____   11 tener, nosotros _____

4 pensar, tú _____   12 ir, Marcos y Luisa _____

5 vivir, nosotros _____   13 venir, tú _____

6 cerrar, Mario _____   14 saber, ella _____

7 escribir, ella _____   15 decir, vosotros _____

8 ser, nosotros _____

B _Give the corresponding imperfect-subjunctive form for each present-subjunctive form given below._

1 busquemos: __buscáramos_____   7 toquen: _____

2 comas: _____   8 recordemos: _____

3 vuelva: _____   9 seas: _____

4 compre: _____   10 vayan: _____

5 traigas: _____   11 se canse: _____

6 hagamos: _____   12 puedan: _____

4. El imperfecto de subjuntivo en cláusulas sustantivas

A *Choose the appropriate verb, then supply the correct imperfect-subjunctive form.*

1 (casarse/cansarse) Romero le pidió a Julieta que ___se casara___ con él.

2 (acompañar/mirar) Yo quería que Evelina me _____ al cine.

3 (apurar/venir) El jefe mandó que nosotros _____ a tiempo.

4 (estar/ir) Era importante que yo _____ a visitarlo.

5 (poder/poner) Yo temía que no _____ regresar antes de las siete.

B *Rewrite each sentence, changing it to the past.*

1 Quiero que te pruebes este vestido.

   ___Quería que te probaras este vestido.___

2 Dudo que usted pueda entender esto.

   _____

3 Le pido que se levante más temprano.

   _____

4 No quieren que salgamos después de las once.

   _____

5 Quiero que conozcas a mi tía.

   _____

6 Es imposible que uno se duerma aquí.

   _____

C *Answer the questions, using the cues in parentheses.*

1 ¿Qué quería usted que hiciera su compañero? (acostarse)

   ___Quería que él se acostara.___

2 ¿Qué quería su compañero(a) que usted hiciera? (no preocuparse)

   _____

3 ¿Qué quería usted que hicieran sus amigos?   (invitarme a la fiesta)

_____

4 ¿Qué quería su profesora que hicieran ustedes en la clase?   (hablar español)

_____

5 ¿Qué quería Evelina que hiciera Cristina?   (escribirle)

_____

5. *El imperfecto de subjuntivo en cláusulas adjetivas*

A *Supply the correct form of the verb given in the cue.*

1 (ser) Buscábamos uno que ___fuera___ muy enérgico.

2 (querer) No había nadie que _____ ayudarnos.

3 (llamarse) Yo no conocía una familia que _____ Pérez Campo.

4 (saber) ¿Había alguien ahí que _____ hablar ruso?

5 (poder) Teníamos que hablar con un abogado que _____ aconsejarnos.

B *Choose between the imperfect indicative and the imperfect subjunctive.*

1 (saber) Conocía a la señora que ___sabía___ cocinar bien.

2 (ser) Buscábamos a alguien que _____ de España.

3 (conocer) ¿No había nadie en la fiesta que me _____ .

4 (traducir) Tenía un amigo que _____ la canción.

5 (hacer) ¿Quién fue la persona que _____ la fiesta anoche?

6. *El imperfecto de subjuntivo en cláusulas adverbiales*

A *Supply the appropriate form of the verb given in the cue.*

1 (acompañar) Ellas no querían ir al cine sin que yo las ___acompañara___ .

2 (poder) No íbamos al parque a menos que todos _____ ir.

3 (tener) Él no iba a recibir el dinero hasta que _____ dieciocho años.

4 (gustar)   Ellos invitaron a los mariachis para que nos _____ la fiesta.

5 (comprar)   Le di el dinero para que ella _____ los boletos.

B *Choose the indicative or the imperfect subjunctive as the context requires.*

1 (llegar)   Salió tan pronto como ellos __**llegaron**__ .

2 (abrir)   No compraron las frutas hasta que el dependiente _____ la frutería.

3 (llamar)   No pude dormir antes que él _____ .

4 (traer)   Fuimos a la fiesta tan pronto como ellos nos _____ la ropa.

5 (venir)   Le dije que lo esperaría hasta que _____ .

6 (despedirse)   Después que ellos _____ , fuimos a la
estación de trenes.

7 (vestirse)   Les prometimos que iríamos después que ellos

_____ .

8 (levantarse)   Siempre me bañaba tan pronto como _____ .

7. Resumen

A Complete the chart by filling in the spaces with the correct conjugations of the verbs indicated.

VERB	PRESENT INDICATIVE		IMPERFECT	
	usted	**nosotros**	**usted**	**nosotros**
hablar				**hablábamos**
recibir		**recibimos**		
decir			**decía**	
entender	**entiende**			
aprender				**aprendíamos**
pedir		**pedimos**		
ir	**va**		**iba**	
hacer			**hacía**	
dormir		**dormimos**		
poder	**puede**			

PRETERIT

VERB	usted	nosotros	ustedes
hablar			
recibir			recibieron
decir			
entender			
aprender			
pedir	pidió		
ir			
hacer		hicimos	
dormir			
poder	pudo		

VERB	PRESENT SUBJUNCTIVE		IMPERFECT SUBJUNCTIVE	
	usted	nosotros	usted	nosotros
hablar			hablara	
recibir	reciba			
decir		digamos		
entender	entienda			
aprender				aprendiéramos
pedir				
ir				
hacer				
dormir			durmiera	
poder	pueda			

B *Give the Spanish equivalent.*

1 I wanted you (**tú**-form) to come with us.

_____

2 We left before he arrived.

_____

3 He was looking for someone to help him.

_____

4 I told him I wouldn't help him unless he studied at night also.

_____

_____

5 He told me to go to the library at seven o'clock.

_____

C *Write the correct response in the blank.*

1 Siempre nos saludamos cuando nos _____ .
   a) ver   b) vemos   c) veamos

2 Traje este vino para _____ por nuestro amigo.
   a) brindar   b) brinda   c) brinde

3 A menos que tú la _____ , no vendrá.
   a) choca   b) invites   c) paga

4 Queremos que vosotros _____ de nosotros.
   a) se acuerden   b) os acordáis   c) os acordéis

5 Voy a salir tan pronto como _____ de ustedes.
   a) me despida   b) me despido   c) despedirme

6 Después de _____ en la mañana, siempre me baño.
   a) corro   b) corra   c) correr

7 Al _____ el viaje, pasaremos por Santiago de Compostela.
   a) regresar   b) continuar   c) comienza

8 Espero _____ muy pronto.
   a) verlos   b) que yo los vea   c) los veo

Expresión individual

8. Complete las frases

1 Te veremos cuando _____ .

2 Al _____ , no quisieron comer.

3 Aunque _____ .

4 _____ hasta que lleguen todos.

5 Tú dudabas que _____ .

6 No había nadie que _____ .

9. Forme preguntas

1 Sí, siempre me dice todo tan pronto como regresa.
   ¿ _____ ?

2 Raúl dice que les daremos los regalos cuando terminen de comer.
   ¿ _____ ?

3 Sí, puedo traerlo sin que lo sepa ella.
   ¿ _____ ?

4 No, no vamos a comer antes de que él llegue.
   ¿ _____ ?

5 Sí, vamos a celebrar hasta comerlo todo.
   ¿ _____ ?

6 Sí, allí había alguien que hablaba ruso.
   ¿ _____ ?

10. Preguntas personales

Answer each question with a complete sentence.

1 ¿Por qué está usted estudiando español?

_____

2 ¿Piensa usted ir a España durante las vacaciones?

_____

3 Al tener un problema en España, ¿adónde iría usted para que le ayudaran?

_____

4 ¿Qué clase de amigos prefiere usted?

_____

5 ¿Cuándo va usted a visitar a su familia?

_____

6 ¿Se cansa usted cuando se divierte toda la noche?

_____

7 ¿Quiere usted que sus padres lo (la) acompañen a España?

_____

8 ¿Va usted a salir aunque haga mal tiempo?

_____

9 ¿Qué es importante aprender antes de salir para España?

_____

10 ¿Qué cosas en España espera usted ver?

_____

11. Composición

Write a letter of at least ten sentences to a friend telling her or him about some of your past and future activities. (Try to use the subjunctive in as many ways as you can. Make something up if you prefer.)

_____

_____

_____

_____

_____

_____

_____

_____

_____

_____

_____

Vocabulario

A *List a synonym or closely related word for each word or expression given. Use vocabulary from Lesson 17. (You may wish to consult the* **Vocabulario** *at the end of the textbook for some of the words listed below.)*

1 precisamente: _____

2 total: _____

3 estupendo: _____

4 absolutamente: _____

5 tan pronto como: _____

6 hermoso: _____

7 hotel: _____

8 probablemente: _____

B *List an antonym or a word nearly opposite in meaning for each word or expression listed.*

1 olvidar: _____

2 tristeza: _____

3 descansar: _____

4 complicado: _____

5 cerca: _____

6 poco: _____

7 después (de) que: _____

8 oscuro: _____

LECCIÓN 18

¿Lógica o absurda?

*You will hear ten pairs of statements. If the two statements are logically related, circle **L** (**lógica**). If they do not go together, circle **A** (**absurda**).*

1 L A   3 L A   5 L A   7 L A   9 L A

2 L A   4 L A   6 L A   8 L A   10 L A

Notas culturales

*You will hear the **notas**, and then a series of statements. If a statement is true according to the **nota**, circle **V** (**verdadero**). If it is false, circle **F** (**falso**).*

El machismo

1 V F   3 V F   5 V F   7 V F

2 V F   4 V F   6 V F

La mujer hispana

1 V F   2 V F   3 V F   4 V F

Lectura

*You will hear the **lectura**, and then a series of statements. If a statement is true according to the **lectura**, circle **V** (**verdadero**). If it is false, circle **F** (**falso**).*

1 V F   3 V F   5 V F   7 V F   9 V F

2 V F   4 V F   6 V F   8 V F   10 V F

Narración

1 V F   3 V F   5 V F   7 V F   9 V F

2 V F   4 V F   6 V F   8 V F   10 V F

Procesamiento de palabras

1. *El imperfecto de subjuntivo en cláusulas con* si

A *Change the following sentences by converting neutral if-clauses to conditional if-clauses.*

1 Si tengo dinero, iré.

   Si tuviera dinero, iría.

2 Si hace viento, no me pongo el sombrero.

_____

3 Si estudiamos, podemos sacar buenas notas.

_____

4 Si te acuestas temprano, no tienes sueño.

_____

5 Llegarás tarde si no te apuras.

_____

6 Si duermo, me siento mejor.

_____

7 Sufro de alergia si no voy al médico.

_____

8 Tenemos que participar en el programa si nos quedamos.

_____

_____

B *Change the following sentences by converting conditional if-clauses to neutral if-clauses.*

1 Si no estuviera cansado, estudiaría más.

    Si no estoy cansado, estudio más.

2 Si estuviera en casa, me llamaría.

_____

3 Recibiría permiso si lo pidiera.

_____

4 Si el médico viniera, sería mejor.

_____

5 Si viviéramos en Málaga, podríamos ir a la playa.

_____

C *Give the Spanish equivalent.*

1 If I were cold, I'd put on my coat.

    Si tuviera frío, me pondría el abrigo.

2 We would learn more if we read more books.

_____

3 I would go if I could.

_____

4 If I had time, I would finish the work tonight.

_____

5 If it were possible, he would do it, too.

_____

6 My friends would work if we paid them more.

_____

7 If you (**usted**) went to Spain, what would you like to see?

_____

8 I would stay home if I knew that you (**ustedes**) were coming.

_____

2. *El imperfecto de subjuntivo después de* **como si**

Give the Spanish equivalent.

1 He talks as if he were the boss.

    Habla como si fuera el jefe.

2 They shout as if I couldn't hear.

_____

3 She runs as if she were tired.

_____

4 My brother talks as if he liked his work.

_____

5 They work as if they had all day to finish.

_____

6 It's as if she wanted to leave.

_____

7 It's as if he did not know me.

_____

3. *El imperfecto de subjuntivo y el condicional en peticiones y expresiones corteses*

Soften the request or statement, using the conditional first, then the imperfect subjunctive.

1 ¿Puede usted ayudarme?

    ¿Podría usted ayudarme?

    ¿Pudiera usted ayudarme?

2 ¿Pueden ustedes venderlo?

_____

_____

3 Usted debe trabajar.

_____

_____

4 Ellos deben vender el carro.

_____

_____

5 ¿Quiere usted pagarme?

_____

_____

6 ¿Quieren ustedes ir a España con nosotros?

_____

_____

4. *El subjuntivo con* ojalá

A *Using* **ojalá**, *write that you hope the following things will happen.*

1 I hope Ricardo calls me tonight.

  Ojalá que Ricardo me llame esta noche.

2 I hope you will be able to come to our party.

_____

3 I hope everyone will have a good time.

_____

4 I hope it doesn't rain tonight.

_____

5 I hope there will be a lot of people there.

_____

B _Using_ **ojalá**, _express that you wished the following things would happen (but you really don't think they will)._

1 Ricardo no viene a la fiesta.

   Ojalá (que) viniera Ricardo a la fiesta.

2 No hay tiempo para invitar a Catalina.

_____

3 No puedo llevar el traje (vestido) de mi compañero(a).

_____

4 Alfredo y Luis no saben de la fiesta.

_____

5 Estoy muy cansado(a).

_____

5. El subjuntivo en cláusulas sustantivas—repaso

A _Express that Ricardo prefers that the following persons do the actions indicated._

1 Sus compañeros preparan la comida.

   Ricardo prefiere que sus compañeros preparen la comida.

2 Usted viene temprano.

_____

3 Nosotros hacemos los deberes.

_____

4 Alicia le trae un regalo.

_____

5 Todos le dicen la verdad.

_____

B *Express that Catalina was glad that the following things happened.*

1 Ricardo vino a visitarla anoche.

   Catalina se alegraba de que Ricardo viniera a visitarla anoche.

2 Había personas que tocaban la guitarra.

_____

_____

3 La orquesta tocó música contemporánea.

_____

_____

4 Todos pudieron venir a la fiesta.

_____

_____

5 Sus mejores amigos se casaron.

_____

_____

6. *El subjuntivo en cláusulas adjetivas—repaso*

Choose the appropriate verb and write the correct form in the blank.

1 (vivir/saber) ¿Conocen ustedes a alguien que __**viva**__ en España?

2 (venir/ocurrir) ¿Sabía usted que nadie _____ anoche?

3 (pedir/poder) No vi a nadie que _____ ayudarnos.

4 (estudiar/dar)   Buscábamos a alguien que _____ para su doctorado.

5 (trabajar/saber)   Yo conocía a un profesor que _____ de guionista cuando era estudiante.

6 (conocer/saber)   ¿Hay alguien en la clase que _____ la ciudad de Málaga?

7. *El subjuntivo en cláusulas adverbiales—repaso*

Write complete sentences using the information given. You may add information if necessary.

1 yo—ir—antes que—compañero—regresar

   Voy antes que mi compañero regrese.

2 ellos—venir—con tal que—ustedes—venir

_____

3 ella—salir—anoche—sin que—nadie—verla

_____

4 levantarme—mañana—tan pronto como—usted—llamarme

_____

_____

5 yo—despedirme de ellos—esta tarde—después de—terminar—trabajo

_____

_____

6 él—no bailar—a menos que—tú—tocar—guitarra

_____

8. *Resumen*

Give appropriate Spanish translations. Use **tú**-*forms to translate ''you.''*

1 If you go, will you bring me a gift?

_____

2 She dresses as if she had lots of money.

_____

3 Would you like to go to the theater with me?

_____

4 I knew they didn't have time to finish.

_____

5 We were afraid that they wouldn't get married.

_____

6 I wish she would give me a book that I can read.

_____

7 Did you meet the professor who worked as a subtitle writer?

_____

8 She told us that she would call us as soon as she returned.

_____

_____

9 I used to bathe as soon as I got up.

_____

10 If you weren't a student now, where would you like to be?

_____

_____

11 He treats me as if I were a child.

_____

12 You should speak to a doctor about that.

_____

9. Complete las frases

1 Voy a casarme cuando _____ .

2 Yo iría si _____ .

3 Si tenía hambre _____ .

4 ¿Quisiera _____ .

5 _____ compraría un avión.

10. Forme preguntas

1 Si tuviera dinero, iría a España.

¿ _____ ?

2 Yo sería locutor(a) de Radiotelevisión.

¿ _____ ?

3 Yo viviría en Madrid.

¿ _____ ?

4 Sí, le puedo prestar cinco dólares.

¿ _____ ?

5 Si tengo sueño, me acuesto.

¿ _____ ?

11. Preguntas personales

Answer each question with a complete sentence.

1 ¿Qué haría usted si fuera rico(a)?

_____

2 ¿Me prestaría usted su carro?

_____

3 Si hace frío, ¿se pone usted el abrigo?

_____

4 ¿Le gustaría ir a casa si pudiera?

_____

5 ¿Habla el profesor como si estuviera cansado?

_____

6 ¿Quisiera usted ir al teatro con su novio(a)?

_____

7 Es evidente que su compañero(a) no durmió anoche, ¿verdad?

_____

8 Si usted pudiera, ¿iría a España?

_____

9 ¿Prefiere usted que sus amigos participen en clase?

_____

10 ¿Cuándo desea usted que su novio(a) le dé un regalo?

_____

11 ¿Es necesario aprender el idioma antes que vaya uno al país donde se habla?

_____

_____

12 ¿Podría usted llevarnos a casa?

_____   _____

13 ¿Le gustaría a usted viajar si tuviera tiempo y dinero?

_____

14 ¿Qué quiere usted que se haga en la clase?

_____

15 ¿Es urgente que usted termine sus estudios?

_____

12. *Composición*

Write six sentences beginning with **Si** *(If).*

_____

_____

_____

_____

_____

_____

_____

_____

_____

_____

_____

_____

Vocabulario

Fill in the blank with the appropriate word (or form of the word) from the vocabulary list of Lesson 18.

1 Uno tiene que estudiar mucho para recibir el _____ .

2 ¿Tiene usted una _____ sobre la política?

3 Hace mucho calor. ¿Quiere usted tomar un _____ ?

4 Romero quiere casarse, pero Julieta no quiere hablar más del _____ .

5 Cada cultura tiene sus propias _____ y modos de vivir.

6 No quiero hacerlo todo al mismo tiempo. Vamos a hacerlo por _____ .

7 Generalmente, los novios _____ _____ antes de casarse.

8 Si uno no _____ las leyes, sufre las consecuencias.

9 ¿Conoce usted muchos profesores que _____ dos idiomas?

10 Con los estudios y el trabajo, ella está muy _____ .

LISTENING COMPREHENSION EXAM

Lecciones 16–18

¿Verdadero o falso?

You will hear five sentences on the tape that are either true or false. If a sentence is true, circle **V** (**verdadero**). *If it is false, circle* **F** (**falso**).

1 V F   2 V F   3 V F   4 V F   5 V F

¿Lógica o absurda?

You will hear 35 pairs of statements or questions and answers. If the two are logically related, circle **L** (**lógica**). *If they do not go together, circle* **A** (**absurda**).

1 L A	6 L A	11 L A	16 L A	21 L A	26 L A	31 L A
2 L A	7 L A	12 L A	17 L A	22 L A	27 L A	32 L A
3 L A	8 L A	13 L A	18 L A	23 L A	28 L A	33 L A
4 L A	9 L A	14 L A	19 L A	24 L A	29 L A	34 L A
5 L A	10 L A	15 L A	20 L A	25 L A	30 L A	35 L A

Preguntas

You will hear five questions. Write an appropriate response to each one.

1 _____

_____

2 _____

_____

3 _____

_____

4 _____

_____

5 _____

_____

ANSWER KEY

Lección 1

1. A 1. co-mo   2. bue-no   3. ma-ña-na

   B 1. per/mi/so   2. Mar/ta   3. mu/cho
4. a/pre/ciar   5. es/tu/dian/te   6. ha/blar

2. A 1. c   2. c   3. c   4. c   5. qu   6. qu
7. qu   8. c   9. qu   10. c   11. c   12. qu
13. k   14. c   15. qu   16. c

   B 1. kw   2. k   3. k   4. kw   5. kw   6. k

   C 1. g   2. gu   3. g   4. g   5. gu   6. g
7. g   8. g   9. gu   10. g   11. g   12. g

   D 1. gw   2. g   3. gw   4. gw   5. g   6. g
7. gw   8. gw

   E banquete—**k**   cuadro—**kw**
     guapa—**gw**   jamón—**h**
     joven—**h**   gozo—**g**
     quito—**k**   cultura—**k**
     golpe—**g**   gesto—**h**

3. A 1. tardes   2. hablan   3. mañana
4. aprendes   5. vive

   B 1. pared   2. usted   3. preguntar   4. nivel
5. universidad

   C 1. lección   2. está   3. adiós   4. cortés
5. pájaro

   D 1. the   2. he   3. if   4. yes

   E 1. bue/nos dí/as   2. lla/ma   3. se/ño/ra
4. can/sa/do   5. en/can/ta/da   6. es/tán

4. A 1. **Buenos días.**   2. ¡Hola!   3. Buenos días.
4. Buenos días.   5. ¡Hola! ¿Qué tal?

   B 1. **Muy bien, gracias.**   2. Así así.   3. Bien.
4. Buenas tardes.   5. ¡Hola!

5. A 1. **¿Cómo se llama usted?**   2. ¿Cómo te
llamas?   3. ¿Cómo se llama?   4. ¿Cómo te
llamas?   5. ¿Cómo te llamas?

   B 1. Me llamo _____ .   2. Se llama Lisa.
3. ¿Cómo te llamas?   4. Se llama Miguel.

6. A 1. tú   2. nosotros, nosotras   3. yo
4. ustedes, ellos, ellas   5. usted, él, ella

   B 1. no pronoun needed   2. usted *or* él *or* ella
3. no pronoun needed   4. no pronoun needed

7. 1. **¿Cómo estás?**   2. ¿Cómo estás?   3. ¿Cómo
está?   4. ¿Cómo está?   5. ¿Cómo estás?

8. 1. **está**   2. Están   3. están   4. está
5. estamos   6. estás   7. están   8. estáis

9. 1. **habla español.**   2. hablo español.   3. hablan
español.   4. hablamos español.   5. hablas
español.

10. 1. estudia español.   2. estudian español.
3. estudias español.   4. estudiamos español.
5. estudiáis español.

11. A 1. **el**   2. el   3. las   4. las   5. las   6. los
7. las   8. la   9. los   10. el   11. el   12. las

   B 1. **los chicos**   2. las jóvenes   3. los
estudiantes   4. los profesores   5. las clases

12. 1. aprendo francés.   2. aprenden francés.
3. aprendes francés.   4. aprendemos francés.
5. aprende francés.

13. 1. vivimos aquí.   2. vive aquí.   3. viven aquí.
4. vivo aquí.   5. vivimos aquí.

14. 1. **Juan no está cansado.**   2. No me llamo Felipe.
3. Ellos no están bien.   4. El profesor no se llama
Juan.   5. Fidel no está en clase.

15. 1. **¿Está aquí Pepe?**   2. ¿Está Carlos en la clase?
3. ¿Se llama usted Jones?   4. ¿Está cansada Ana
María?

16. 1. **él**   2. está   3. verdad   4. estás   5. Las
6. estamos   7. Estudian   8. hablan   9. Viven
10. Aprendes

17. *Individual responses*

Lección 1—*Crucigrama*

```
 1  P A R Q U E
 2  P E R F E C T A M E N T E
 3    B A S T A N T E
 4    E S T U D I A R
 5      B A N C O
 6        U S T E D
 7  A B R A Z O
 8    L A P I C E S
 9  R E U N I O N
10  N O S O T R A S
11        E L
```

Lección 2

1. 1. s   2. s   3. z   4. s   5. s   6. s   7. s   8. s

2. 1. y   2. y   3. i   4. y   5. y   6. i

3. A 1. trabaja en la fábrica.   2. trabajo en la fábrica.   3. trabajan en la fábrica.   4. trabajamos en la fábrica.   5. trabajan en la fábrica.   6. canta en la plaza.   7. cantamos en la plaza.   8. cantan en la plaza.   9. cantáis en la plaza.   10. canta en la plaza.   11. como mucho.   12. come mucho.   13. come mucho.   14. comemos mucho.   15. comen mucho.   16. baila la salsa.   17. baila la salsa.   18. bailan la salsa.   19. bailas la salsa.   20. bailo la salsa.   21. lee francés.   22. leemos francés.   23. lee francés.   24. leen francés.   25. leemos francés.   26. escribe bien.   27. escribo bien.   28. escribimos bien.   29. escriben bien.   30. escribís bien.

B 1. ¿Aprende usted español?   2. Luis y Juan viven en California.   3. ¿Habla Elena francés también?   4. ¿Qué estudias?   5. ¿Leen ellos mucho en casa?   6. ¿Dónde trabaja usted?   7. ¿Bailas en la clase?   8. ¿Comprendéis español?

4. 1. soy   2. son   3. soy   4. somos   5. es   6. es   7. somos

5. A 1. **es español.**   2. es portuguesa.   3. son francesas.   4. soy inglesa.   5. somos alemanes.

B 1. **es alta.**   2. son ricas.   3. es inglesa.   4. somos franceses.   5. son guapos.   6. son ricos.

C 1. hombre rico.   2. chicas inteligentes.   3. chico simpático.   4. chica alta.

D 1. ricas   2. simpático   3. alta   4. buenos

E 1. **esta lección.**   2. esa casa.   3. esos muchachos   4. Este hombre   5. Esa morena

F 1. **El rico se llama Rafael.**   2. La rubia se llama María.   3. Los inteligentes se llaman Alberto y Juana.   4. El alto se llama José.   5. Las españolas se llaman Carmen y Susana.

6. 1. Va   2. va   3. vamos   4. Van   5. Vas   6. van

7. 1. Sí, voy a trabajar esta noche.   2. Sí, las clases van a comenzar mañana.   3. Sí, voy a estar en casa esta tarde.   4. Sí, vamos a comprar cerveza.

8. 1. no articles required   2. el   3. no article required   4. no article required   5. Los, el

9. A 1. **Una**   2. unos   3. Unas   4. Un   5. un

B 1. no article required   2. un   3. unas   4. no article required   5. unos

C 1. **La profesora** mexicana **habla inglés.**
2. **Un** profesor mexicano habla inglés.
3. Una **profesora** mexicana habla inglés.
4. Una profesora mexicana **habla bien** el inglés.
5. Unos **muchachos** mexicanos hablan bien el inglés.
6. Unos muchachos mexicanos **estudian** inglés.
7. Una **muchacha** mexicana estudia inglés.
8. **Esa** muchacha mexicana estudia inglés.
9. Esos **hombres** mexicanos estudian inglés.

10. 1. **está**   2. es   3. somos   4. es, está   5. es   6. son   7. está   8. estoy   9. es   10. es

11. A 1. escriben   2. soy   3. Estos   4. una . . . buena   5. está   6. van

B 1. Anabel comprende alemán.   2. Yo no leo francés.   3. Estas chicas son amigas.   4. Nosotros bailamos la salsa.   5. Jorge come mucho.

12, 13, 14 *Individual responses*

VOCABULARIO 1. bajo   2. bien   3. rubia   4. amable, simpática   5. difícil   6. pobre   7. tonto   8. bonita, guapa   9. flaco   10. poco

Lección 3

1. A 1. **piensas** 2. piensan 3. piensan
4. pensamos 5. Pienso

B 1. Quieren 2. Queremos 3. Quiere

C 1. Entendemos 2. Entiendes 3. entendéis

D 1. comienza 2. comienzo 3. Comienzan

E 1. prefiere 2. prefiero 3. Prefieren
4. preferimos

F 1. Sí, pienso estudiar esta noche. 2. Sí,
entiendo al profesor. 3. Sí, quieren vivir en
Montevideo. 4. Sí, queremos aprender francés.
5. Sí, las clases comienzan esta noche. 6. Sí,
preferimos comer ahora.

2. A 1. **tiene** 2. tiene 3. tienen 4. tengo
5. tenemos 6. tenéis

B 1. vienen 2. viene 3. Vienen 4. Vienes
5. Venís

C 1. No, no tengo hermanos. 2. No, no vienen
a la clase. 3. No, no vengo a la casa esta tarde.
4. No, no tenemos clases difíciles.

3. 1. **Tengo que comprar un regalo.** 2. Él tiene que
trabajar mañana. 3. Tenemos que estudiar
ahora. 4. Ellos / Ellas tienen que aprender
español. 5. Ella tiene que venir mañana.

4. 1. **a** 2. not required 3. a 4. not required
5. a 6. not required 7. a

5. 1. **a la** 2. a la 3. al 4. al 5. al 6. a la
7. al 8. al 9. al, a la

6. 1. del 2. del 3. de la 4. del 5. de las

7. 1. **cuatro** 2. doce 3. trece 4. treinta y seis
5. cien 6. cincuenta y dos 7. ochenta y cuatro
8. dieciséis or diez y seis 9. setenta y cuatro
10. cuarenta y dos 11. cincuenta y cuatro
12. sesenta y cinco

8. A 1. a las seis 2. son las diez 3. a las cuatro
4. es la una

B 1. Voy a las cinco en punto. 2. ¿Qué hora
es? 3. Son las cinco menos diez de la tarde.
4. La clase comienza a las ocho y media de la
mañana. 5. Siempre estudio por (or en) la
noche. 6. ¿A qué hora vas a casa?

9. A 1. miércoles 2. domingo 3. viernes
4. jueves 5. sábado

B 1. Tengo una clase de inglés los martes a las
nueve de la mañana. 2. Tenemos que estudiar
español todos los días. 3. ¿Vienen ustedes el
sábado? 4. Hoy es miércoles. 5. Los viernes son
buenos. Los lunes son malos.

10. 1. **Hay treinta y un estudiantes en la clase.** 2. Hay
quince muchachas en la clase. 3. Hay dos libros
en el cuarto. 4. Hay trece muchachos en la
clase. 5. Hay veinticuatro (or veinte y cuatro)
horas en el día. 6. Hay seis lápices en el cuarto.
7. Hay un profesor en la clase.

11. 1. ¿Hay un médico aquí? 2. Ella tiene un hermano
y una hermana. 3. Hay veintiún estudiantes en la
clase. 4. Voy a comprar un regalo. 5. Ella es una
buena profesora (or una profesora buena).

12. A 1. **El regalo es de Hortensia.** 2. El hospital es
de la universidad. 3. Las oficinas son de los
profesores. 4. La taberna es de mi hermano.
5. La casa grande es de mis padres. 6. El
restaurante es de Ricardo.

B 1. **sus** 2. nuestro 3. su 4. sus 5. su
6. su

C 1. **Mis** amigos **están en casa**.
2. **Nuestro** amigo está en casa.
3. **Mi** amigo está en **el centro**.
4. Mis **tíos** están en el centro.
5. **Su** tío está en el centro.
6. Sus **hermanas** están **aquí**.
7. **Mis** hermanas están aquí.

13. A 1. **mis hermanos** 2. tus amigos
3. queremos 4. vienen a la 5. del 6. tengo
que 7. un

B 1. **Yo no voy a comprar tres casas.** 2. Ellos
vienen de la Universidad de México. 3. Cecilia
entiende cuatro idiomas y estudia mucho. 4. Él
tiene que estar en la universidad a las nueve el
sábado.

C 1. Tienes 2. hay, tiene 3. son 4. voy
5. Aprenden or Entienden or Hablan 6. va or viene
7. estoy 8. comienzan 9. tenemos 10. Buscan
or Ven 11. es

14, 15, 16 *Individual responses*

VOCABULARIO   1. abuelo   2. cafetería
3. cuántos   4. domingo   5. hermana   6. letrero
7. madre   8. nuestra   9. tía   10. enfermera
11. ya   12. pregunta   13. biblioteca   14. día y noche
15. primo   16. buscar   17. mujeres   18. regalos

Lección 4

1. 1. **sigue**   2. Piden   3. dicen   4. seguimos
   5. dices   6. piden   7. digo

2. 1. **duermo**   2. dormimos   3. Pueden
   4. podemos   5. vuelve   6. vuelves, volvemos
   7. Pueden, ir   8. almuerzan

3. 1. Son setecientos veintidós.   2. Hay diez mil
   cuatrocientas cincuenta y nueve personas en esta
   universidad.   3. Hay seis mil ochocientas noventa y
   una chicas en la universidad.   4. Este libro tiene
   doscientas cincuenta y ocho páginas.   5. Un millón
   doscientos treinta y ocho mil cuatrocientas cinco
   personas viven aquí.   6. Seis mil quinientos
   cuarenta estudiantes aprenden español.

4. 1. **sé**   2. conoce   3. sabemos   4. conocemos
   5. saben   6. conoce   7. Conoces   8. saben
   9. Sabe   10. conoce

5. **A**   1. **La escuchamos.**   2. Lo necesitamos.   3. La
   conozco.   4. No la sé.   5. Las pido difíciles.
   6. Lo ven.   7. La decís.

   B   1. **Sí, la estudia.**   2. **Sí, voy a aprenderlo. or Sí,
   lo voy a aprender.**   3. Sí, las escribe.   4. Sí, voy a
   leerlo. or Sí, lo voy a leer.   5. Sí, lo tengo.   6. Sí, los
   leemos.   7. Sí, siempre lo pido.   8. Sí, las escribo
   ahora.   9. Sí, van a comprarlo hoy. or Sí, lo van a
   comprar hoy.   10. Sí, los quiero mucho.
   11. Sí, lo comienza hoy.   12. Sí, ya los tengo.

   C   1. Lo necesitamos.   2. Te quiero.   3. No la
   estudian.   4. No la conocemos.   5. No lo puedo
   hablar. or No puedo hablarlo.   6. Ella no quiere
   verme. or Ella no me quiere ver.

6. **A**   1. **¿Cómo está tu hermana?**   2. ¿Dónde está la
   taberna?   3. ¿Quién no viene?   4. ¿De quién (or De
   quiénes) son estos lápices?   5. ¿De dónde es
   Felipe?   6. ¿Qué estudian ellos?   7. ¿Cuántos
   dólares tiene ella?   8. ¿Por qué preguntas?
   9. ¿Adónde vas?   10. ¿Cuál es tu camisa?

   B   1. Adónde   2. De quién   3. Cuándo   4. Cuál

7. 1. conoce   2. lo   3. comienzan   4. muchos
   5. los   6. Cuál   7. De quién   8. Sigue   9. sabe
   10. las   11. (ver)lo, el   12. Duerme / Habla

8, 9, 10   *Individual responses*

VOCABULARIO   1. MECANICO   2. AMBICIOSO
3. FISICA   4. COMPUTACION   5. TIENDA
6. AEROPUERTO   7. LOCALIDAD   8. CUAL
9. ENCONTRAR   10. LUNA   11. PAGINA
12. FOTO   13. CONOCER   14. VETERINARIO
15. COSTAR   16. VOLVER   17. PODER
18. QUIMICA   19. MODISTA   20. INGENIERIA

Lección 4—*Sopas de letras*

A

```
C R N P T L M O D I S T A I M
O E N C O N T R A R F T J N E
M Q U I M I C A K V V J G G C
P U P O D E R D Q Y E O M E A
U T F O T O T R E T L U N N N
T E Q V C N U A I R V O I I I
A X R X Q L X I M E O F E R C
C X T P F U F U B I N R P I O
I C A A I N L H B I J Z U E Q
O O E G S A M G C A Y V E A G
N N N I N C I O R R U R K H
V C A U C U A L S O L I Q A X
N C A A Q K A S O L I O A F
G E O F M F S E O C O S T A R
B R W R K Z L O C A L I D A D
```

B

```
T M C F U V O L V E R Y H R I C N B E I
F H A P A C S T Z G X R P I P U L F P P
Q Z Z V S A K T K G I G F U I T H W I H
T O A M E Q I M I C O S T A R S Y P Q C F
P E M O D E T R F E N C O N T R A R B S R I
A W I O E R T O U U O G L D R C U I H E Z S
G I D M I S T I A T Y V E M D U Q P V C T I
I D M S T A I N F O Q I Z R G N A I K Q Q B N C
A S A A R I D Y I E U S A C I O Z T W O W A
B O Y R I V B A D W M C A R C Y A T V M
N K T I I T E A I J D T Y O A I U F I I
U F Y O Y Z A U D I Z I H T P C A Y I C
M M W U P N Q R L F S U C O U O J A I O
P K V A U R E A Q R P P I E F N E U S O
O X T L Q C C H E M B V F M G R B S
D F J X O O V I K O M E C A N I C O T O
E X U N L S Q J C W S V D O W E V M G O
R P O A U A B X Q G W C A A G V H S V
W C P G K X B K M S D D F D W D N V M R
```

C

```
G I G N V F N Z E W K B T X X C L M D E H U H A N
W N E M O D I S T A F P X R A R E D O P W L W G P
M I W T W S L G H Z K P R X N Y X T R J H G Y K X
P O T R E M O C I N A C E M I P H J V M K H B Q B
T S U A Y B Y P A Z N W T C G H G D M E N H J C J
W Z G Z O Q F T I A L F C V A H N T C I N B S H Z
I Q O F Z C Y Y H L O V R E P O R T U F O I W B F
L Q K D F V V K A J C O R Z B S A A A S E B A L
B R G I F Y S P K O A H V S T O H I O G M V Z F R
H U Z O O W Z T S P S H A M U V B I G S R A R S E
N A E T T V E T E R I N A R I O C F I S I C A F V
X L I R O T A Q B S U L M Z X I S K X T C G Q V L
A S I E Y R Y D R L Q S A N B W O D H A U K K M O
G X Y U S C O L A L N M Q M D Z N Z S C M P Z C V
B M L P V L X D R O L H A S R A C I M I U Q O C Y
I Z B O Q A T Y T V M T R O A E I N D T Q M L O Y
S D B R W T X W N U G E I W M Q L R B J P J Y N M
M G F E J A V P O B W U Z A S I A W E U E B O C O
Y M D A D I L A C O L A D N E I T F T I V J S C O
N V L S T P W Y N I O L H L N I X A U N N H H E Z
J N S M A P M M E G P K K T Y R C H P C V E T R F
V J M O S U J W T J M S M K F I C U A L L B G P E
L O W V S I J W X T U D M P O H O J V Z E X U N Q
N H M A Q D X U E E X E D N R V P G D X S Q Z C I
T Y X R L Z H H L E X O T Y R Z I H U T A L Y S R
```

Lección 5

1. **A** 1. Hace viento hoy. 2. No, no está húmedo hoy. 3. Sí, hace frío en mi estado en el invierno. 4. Hace mucho sol en agosto. 5. No, no está nublado hoy. 6. Sí, hay viento. *or* Sí, hace viento. 7. Llueve mucho en junio y julio. 8. Hay nieve en Portillo. 9. Sí, hay mucho sol hoy. *or* Sí, hace mucho sol hoy. 10. Hoy hay 20 grados de temperatura.

B 1. **¿Qué tiempo hace en septiembre?** 2. ¿Está nublado hoy? 3. Está muy fresco hoy. 4. ¿En qué estación (del año) hace calor? 5. ¿Hace mucho calor en abril? 6. Hace mal tiempo hoy. 7. ¿Le gusta esquiar en el invierno? 8. No me gusta cuando hace viento (hay viento). 9. ¿Qué tiempo hace en la primavera? 10. Siempre hace frío en enero. 11. ¿Está fresco hoy? 12. ¿Hay mucha nieve (*or* ¿Nieva mucho) en el invierno en Colorado? 13. ¿Cuál es la fecha de hoy? 14. Hoy es el veinte de mayo. 15. ¿Qué día del mes es hoy? 16. En Portillo hay 10 grados centígrados de temperatura.

2. 1. doy 2. da 3. da 4. dan 5. das

3. **A** 1. **me** 2. Jason 3. her 4. us 5. him

   B 1. le 2. me 3. les 4. nos 5. le 6. les

C 1. **mi amigo—Le presto el sobretodo.** 2. Elena—¿Le escribes cartas? 3. Roberta—Le hablamos todos los días. 4. mi tía—No quiero escribirle. *or* No le quiero escribir. 5. nosotros—Cuando no tenemos lápiz, ella nos presta uno.

D 1. Sí, le quiero hablar. *or* Sí, quiero hablarle. 2. Marta me presta un lápiz. 3. No, no nos escribe mucho. 4. Le escribo los domingos. 5. Me escribe los miércoles.

E 1. Ella quiere hablarme. *or* Ella me quiere hablar. 2. ¿Le escribes todos los domingos? 3. Cuando él no tiene sobretodo, yo le presto uno. 4. Él no nos compra regalos.

F 1. **ella** 2. él 3. ellas 4. nosotros 5. usted 6. (con)migo

4. **A** 1. **A ella** le gusta el clima de aquí.
2. A ella le gustan **estos libros**.
3. **A nosotros** nos gustan estos libros.
4. A nosotros nos gusta **el frío**.
5. **A ti** te gusta el frío.
6. **A Gloria y a Anabel no** les gusta el frío.

B 1. ¿Te falta dinero? 2. ¿A tus hermanas les gusta esquiar? 3. ¿Te parece que va a nevar? 4. ¿Te parece buena la clase? 5. ¿Les falta tiempo? *or* ¿Nos falta tiempo?

C 1. **A mí me gusta esta escuela.** 2. A mí me gusta también. 3. Nos faltan libros. 4. El clima le parece frío (a ella). 5. No nos gusta comprar regalos. 6. Le faltan amigos, no dinero.

5. 1. **Tengo sueño.** 2. Tengo miedo. 3. Tengo prisa. 4. Tengo celos. 5. Tengo razón. 6. Tengo sed. 7. Tengo veinticinco años.

6. 1. (prestar)me 2. Está fresco. 3. Me gusta mucho. 4. mí 5. Tiene 6. Les

7, 8, 9 *Individual responses*

VOCABULARIO 1. agua, sed 2. agua, árido, calor, centígrado, esquí, estación, fresco, nieve, sobretodo, temperatura, viento, congelar, esquiar 3. lindo 4. calendario, esquí, estación, frío, lluvia, lluvioso, nieve, sobretodo, temperatura, viento, congelar, esquiar, nevar 5. calor, fresco, frío, grado, temperatura 6. esquí, escalar, esquiar 7. fresco, frío, húmedo, lluvia, lluvioso, sed, hervir, llover 8. vacación 9. sueño 10. agua, húmedo, lluvia, lluvioso 11. hambre 12. calendario, calor, mes, vacación 13. esquí, frío, montaña, nieve, vacación 14. Brasil 15. calendario, estación, flor, fresco, lluvia, lluvioso, mariposa

Lección 6

1. **A** 1. **me** 2. nos 3. se 4. te 5. se 6. se 7. te 8. nos 9. me 10. te

B 1. **se levanta** 2. Me lavo 3. Nos acostamos 4. Se afeitan 5. Te sientas 6. me visto 7. se despierta 8. se quedan

C 1. Me acuesto a las once. 2. Me visto rápido. 3. Siempre nos sentamos aquí. 4. (Él) se lava las manos. 5. (Él) se afeita temprano.

2. 1. **hablando** 2. aprendiendo 3. leyendo 4. cantando 5. poniendo 6. estudiando 7. escribiendo 8. trabajando 9. durmiendo 10. comiendo

3. **A** 1. **Estoy hablándole a Elena.** *or* **Le estoy hablando a Elena.** 2. Estoy afeitándome ahora. *or* Me estoy afeitando ahora. 3. Está vistiéndose ahora. *or* Se está vistiendo ahora. 4. Estoy estudiándola ahora. *or* La estoy estudiando ahora. 5. Estoy bañándome ahora. *or* Me estoy bañando ahora. 6. Estoy lavándome las manos. *or* Me estoy lavando las manos. 7. Estoy escribiéndoles la carta. *or* Les estoy escribiendo la carta.

B 1. **Nosotros estamos hablándolo muy bien ahora.** *or* **Lo estamos hablando muy bien ahora.** 2. Elena está escribiéndola. *or* Elena la está escribiendo. 3. Él está lavándose las manos. *or* Él se está lavando las manos. 4. El estudiante está comiéndolos. *or* El estudiante los está comiendo. 5. Ramón está poniéndose el sobretodo. *or* Ramón se está poniendo el sobretodo. 6. Los padres están cantando en casa.

4. **A** 1. hace—Estudio los sábados. 2. sale—Salgo a las ocho. 3. pones—Los pongo en la mesa. 4. Salen—Sí, salimos a las tres. 5. trae—Lo traigo de mi casa. 6. hacemos—Los hacemos por la noche.

B	**yo**	**hago**	pongo	salgo	traigo
	él	hace	pone	sale	trae
	tú	haces	**pones**	sales	traes
nosotros		hacemos	ponemos	salimos	traemos
ellas		hacen	ponen	**salen**	traen
usted		hace	pone	sale	trae
vosotros		hacéis	ponéis	salís	**traéis**

C 1. Los pongo en la mesa. 2. Yo salgo primero. 3. Estudiamos por la tarde. 4. Sí, salen a comer. 5. No, no salgo con ellos. 6. Duermo después de esta clase. 7. Sí, los traigo a la biblioteca.

5. 1. Hay que levantarse temprano. 2. Tengo que acostarme a las nueve. 3. ¿Tiene usted que trabajar mañana? 4. Hay que trabajar mucho. 5. Hay que llegar temprano a la clase. 6. Tengo que descansar un minuto.

6. 1. Sí, se van ahora. 2. No, no me duermo inmediatamente cuando me acuesto. 3. Su amigo siempre se los lleva. 4. Cuando hace frío me pongo un sobretodo. 5. Sí, me lo como todo.

7. **A** 1. **Martín me lo presta.** 2. Te los traigo. 3. Mi novio me las escribe. 4. ¿Quién se lo compra? 5. Ellos nos la prestan. 6. Se lo traigo mañana. 7. El banco no me lo presta. 8. Tienes que traérsela antes de las ocho. 9. ¿Quieres prestármelos? 10. Él siempre se los compra.

B 1. **Sí, te lo vendo hoy.** 2. Sí, se lo traigo. 3. Sí, se las compramos ahora. 4. Alberto se lo presta (a usted). *or* Alberto te lo presta (a ti). 5. Sí, te las compro (a ti). 6. Sí, queremos prestárselo. *or* Sí, se lo queremos prestar. 7. Sí, te los lavo (a ti). 8. Sí, se los prestamos. 9. Sí, se la traigo. 10. Sí, se lo compro.

C 1. Sí, se lo doy. 2. Me dan un regalo. 3. Se lo damos en diciembre. 4. Mi novio(a) me da un anillo para mi cumpleaños.

8. A 1. **Lo leo.** 2. Lo compro. 3. La veo.
4. Lo tengo. 5. La estoy escribiendo. *or* Estoy
escribiéndola. 6. Lo estamos aprendiendo. *or*
Estamos aprendiéndolo.

B 1. **Le** 2. Nos 3. Me 4. Les 5. le 6. les

9. 1. lo 2. (comprar)le 3. te la 4. Nos
levantamos 5. se siente

10, 11, 12 *Individual responses*

Lección 6—*Crucigrama*

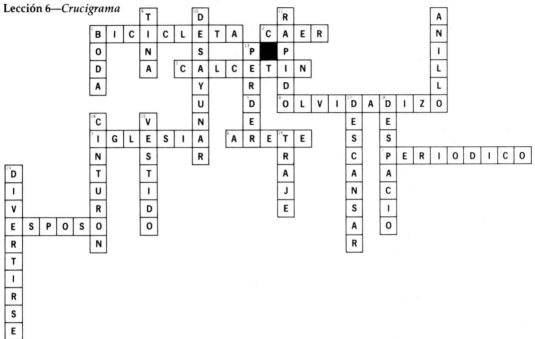

Lección 7

1. 1. viva 2. trabaje 3. escriban 4. comamos
5. cante 6. aprendas 7. compren
8. permitan 9. escuche 10. entréis

2. A 1. **Quiero que compren comida para la
fiesta.** 2. Su mamá no quiere que Teresa lleve
sandalias. 3. Sus amigos dudan que Alberto viva
en mi casa. 4. Les pido que entren ahora.
5. Sentimos que Elena no cante con nosotros.
6. Prefiero que mi papá no se preocupe mucho.
7. Siento que su compañero escuche la radio toda la
noche. 8. Insisten en que se bañe por la mañana.

B 1. **Quiero que Manuel se levante más
temprano.** 2. Quiero que Cristina estudie la
lección. 3. Quiero que ellos llamen a la policía.
4. Quiero que Ricardo hable español en clase.
5. Quiero que Alberto lea ese libro. 6. Quiero que

Alicia me compre un regalo. 7. Quiero que mi
novia lleve jeans.

C 1. Quiero que vendas mi coche. 2. Él quiere
que hablemos español. 3. ¿Quieres que yo te
escriba? 4. Ella no quiere que yo trabaje esta
noche. 5. ¿No quiere usted que escuchemos la
radio?

3. A 1. **vengan** 2. diga 3. venga 4. haga
5. pongas 6. traigan

B 1. **Quiero que me digan la verdad. (I want them
to tell me the truth.)** 2. ¿Espera usted que
salgamos de clase temprano? (Do you hope [Are you
hoping] that we'll leave [get out of] class early?)
3. ¿Qué quieren ustedes que hagamos ahora? (What
do you want us to do now?) 4. Dudo que ella me
acompañe a la fiesta. (I doubt she will go with me
[accompany me] to the party.) 5. Mi novia siente
que yo no tenga más dinero. (My girlfriend is sorry
[regrets] that I don't have more money.) 6. Los

profesores insisten en que estudiemos día y noche. (The professors insist that we study all the time [day and night].)

4. A 1. **Sí, compre esos jeans.** 2. Sí, diga la verdad. 3. Sí, salga ahora. 4. Sí, venga mañana. 5. Sí, vuelva más tarde. 6. Sí, vaya con ellos.

B 1. **Escriba la carta hoy.** 2. Hablen español, por favor. 3. Estudien la lección esta noche. 4. Traiga su libro a clase. 5. No duerma en clase. 6. No ponga esas sandalias en la mesa.

5. A 1. **Sí, déselo. No, no se lo dé.** 2. Sí, démelos. No, no me los dé. 3. Sí, présteselas. No, no se las preste. 4. Sí, tráigamelas esta mañana. No, no me las traiga esta mañana. 5. Sí, escríbasela hoy. No, no se la escriba hoy. 6. Sí, háblele pronto. No, no le hable pronto.

B 1. **No me escriba una carta.** 2. No le dé el zapato. 3. No le preste el cinturón. 4. No nos lea el periódico. 5. No me traiga las camisas.

C 1. **Sí, láveselas.** *or* **No, no se las lave.** 2. Sí, tráigamelo. *or* No, no me lo traiga. 3. Sí, démelo. *or* No, no me lo dé. 4. Sí, póngaselo. *or* No, no se lo ponga. 5. Sí, acuéstese temprano. *or* No, no se acueste temprano. 6. Sí, duérmase en clase. *or* No, no se duerma en clase.

D 1. **Sí, déselos. No, no se los dé.** 2. Sí, préstesela. No, no se la preste. 3. Sí, déselo. No, no se lo dé. 4. Sí, préstesela. No, no se las preste. 5. Sí, tráigaselos. No, no se los traiga.

6. A 1. hables 2. vaya 3. estudie 4. Tráigamela 5. nos levantemos 6. vengan 7. hagas 8. Vuelve 9. comprenda 10. se los doy

B 1. vayan 2. dicen, saben 3. quieran, sepan 4. comer, hacer, hablar, ponernos, ser, tener 5. comamos, hagamos, preparemos, traigamos 6. comamos, hagamos, preparemos, traigamos 7. Sabes 8. tenemos 9. se pongan, preparen, tengan, traigan, hagan 10. termine

7, 8, 9 *Individual responses*

VOCABULARIO 1. MODA 2. SEDA 3. SECRETO 4. PROBARSE 5. ADELANTE 6. BAILE 7. NAVIDAD 8. PAR 9. SANDALIAS 10. PIE 11. DUDAR 12. PROVECHO 13. RAZA 14. ULTIMO 15. MONO

Lección 7—*Sopas de letras*

A

B

C

```
P H J V M K H B Q B T S U A Y B Y P A Z N W T C H
G D M E N H J C J W Z G Z O Q F T I A L F C V H N
T C I N B S H Z I Q O F Z C Y Y H L O V R E O R T
U F I W B F L Q K D P F V V K A J O R Z B S A A A
A E B A L B R G I Y S I P K A H V S T O H I G M V
Z F H U Z W Z T P S H M E U V B G S R A R S N O A
E F X L I T Q B S L M Z X S K X T C G Q V A S N I
Y Y D Q S A N W O D H A U K K M G X Y S C A D O M
O L L E N M Q D Z N Z S C M P Z B M L V L X D M O
L H S T R Y I Z B Q A T Y V M T R O A E N D T Q L
Y S D N B W E T X W U G E I W M Q L B J J Y M M G
F J A A V P B L W U Z A S I A W E B U N Y M F V J
S O N L V L S T I P W Y I O L P H L N I X U N H H
Z J N E S M A P M A M G P K A K T Y R H P C V T F
A V J D M O S U J W B T J R M S M K F L B P O E L
O D Q A D I V A N R W V S I J W X T U D A M H P H
O J E V Z E X U A Q N O H M A Q E D X Z U E C E X
E D R S V O P D G D X S T Q Z C T S A Y X R E L Z
H H L E M X U O T Y R Z I E H U T R R A L Y V S R
T W X I O D S T S L Q T O Z R U E V U A E X O V P
D J T R H Q Y N T R G G H L G C P L L S B U R N K
C L X J R O F S A N D A L I A S E U O N O O P N T
U U G V J H Z L U I G E Z Y S S U S G L U C R L Q
P H C K M T C B H V Q O D J U J O T F E C T Q P J
I X X D O Z P E O I Y P V T G X Z I K I Q L H W Y
```

Lección 8

1. A 1. **Viviste en Monterrey.** 2. Hablaron inglés. 3. Aprendimos la lección. 4. Escribí las cartas. 5. Cantó en la fiesta. 6. Compramos la ropa en la tienda. 7. Hablaste con el embajador. 8. Él respondió rápido. 9. Comieron a las cinco. 10. Me levanté tarde. 11. Ella estuvo en Nueva York. 12. Tuve que ir al baile de gala. 13. Supimos que usted es amiga de Eduardo. 14. ¿Te pusiste el sombrero antes de salir? 15. No pudieron cenar con nosotros. 16. Elena no quiso verme. 17. Hicimos el trabajo en casa. 18. ¿Viniste a la fiesta? 19. Estuve con mis amigos de California. 20. Supo que Miguel es norteamericano.

B 1. **Ayer no pude salir de la casa.** 2. Hoy mi novia vino a mi casa. 3. Mi padre hizo el trabajo anoche. 4. Los niños no quisieron ponerse (*or* no se quisieron poner) los zapatos. 5. (Nosotros) estuvimos enfermos ayer. 6. Luis tuvo que estudiar ayer. 7. Mis amigos no vinieron a la casa anoche.

C 1. **No, fui ayer.** 2. La estudiamos anoche. 3. No, terminaron ayer. 4. No, ya se levantó. 5. No, me escribieron la semana pasada. 6. Salió el lunes pasado. 7. Vinieron ayer. 8. No, ya comí. 9. Los hicimos anoche. 10. No, vino ayer.

2. 1. **Juan pudo salir temprano.** 2. (Lo) supimos anoche. 3. No quise comerlo. *or* No lo quise comer. 4. Teresa no supo la verdad. 5. ¿No quiso ponerse (*or* No se quiso poner) la camisa? 6. No pudo dormirse. *or* No se pudo dormir. 7. Quisimos venir a la fiesta.

3. 1. **went** 2. was 3. Were 4. Did (they) go 5. We were 6. We went

4. A 1. **Sí, comí algo. No, no comí nada.** 2. Sí, estudiamos mucho. No, no estudiamos nada. 3. Sí, vi a alguien. No, no vi a nadie. 4. Sí, vendimos mucho. No, no vendimos nada. 5. Sí, hicimos muchos viajes a España. No, no hicimos ningún viaje a España.

B 1. **no fue tampoco** 2. **vinimos tarde también.** 3. se lavó las manos también. 4. no te afeitaste tampoco. 5. se levantó temprano también. 6. no recibió dinero tampoco.

5. A 1. **Prefiero que ella no baile con todos en la fiesta.** 2. Prefiero que Susana no salga a las cinco.   3. Prefiero que Eduardo no hable de sus otras amigas.   4. Prefiero que Mónica y Cecilia no estudien en la biblioteca.   5. Prefiero que Raúl no vaya al cine todos los sábados.   6. Prefiero que Esteban y Benito no sean perezosos.

B   1. **Quiero que ella vaya de paseo.**   2. No quieren que yo me levante temprano.   3. Quiero que tú descanses.   4. Julio prefiere que ustedes vayan más tarde.   5. Esperamos que Julio haga el trabajo hoy.   6. Sentimos que (vosotros) no tengáis tiempo para responder.

6.   1. fuimos   2. preguntó   3. comí   4. respondí   5. salió   6. bañé   7. acosté   8. dormí

7, 8, 9   *Individual responses*

VOCABULARIO

A   1. examen   2. mundo   3. refrán   4. único   5. principio   6. revista   7. terminar   8. estrella   9. desastre   10. excelente

B   1. responder   2. imposible   3. ninguno, único   4. ayer   5. triste   6. pasado   7. llorar   8. nunca   9. tragedia   10. nadie

Lección 9

1.   **A**   1. ¿A qué hora volviste?   2. Ellos pidieron churrascos.   3. Servimos la cena a las nueve.   4. Alejandro nunca pidió postre.   5. Luz me sirvió churrasco.   6. ¿Se acostaron temprano ustedes?   7. Paco se divirtió en el restaurante.   8. Mis amigos prefirieron ir a La Cabaña.   9. Jorge durmió mucho.   10. Muchos murieron en el Líbano.

B   1. No, no dormí bien anoche.   2. Nos acostamos a las once y media.   3. El General Francisco Franco murió en 1975.   4. Sí, nos sirvieron pan con el churrasco.   5. Sí, pedí postre.   6. No, no volvimos antes de medianoche.   7. Me pidió un regalo.   8. Sí, me divertí en el baile la semana pasada.   9. Durmió nueve horas.   10. Preferí comer churrasco la última vez que fui a un restaurante.

2.   **A**   1. Les dijimos la verdad.   2. ¿Te traje las tortillas?   3. ¿Me dio el menú?   4. Leyeron las cartas inmediatamente.   5. Tomás no me creyó.   6. No oí la música bien.   7. ¿Quiénes construyeron esas casas?   8. ¿Trajo usted comida?   9. Le di cinco dólares por ese libro.   10. ¿Qué le dijiste a María?

B   1. El mozo se lo trajo.   2. Sí, lo dijimos. *or* Sí, dijimos que nos gustó la comida.   3. Sí, se la

dimos.   4. No, no lo leyó.   5. No, no oí nada.   6. Sí, la leyeron.   7. Sí, lo creí.   8. No, no la construí.

3.   **A**   1. **No toqué el piano.**   2. Le entregué la revista.   3. Comencé temprano.   4. Llegué a las once.   5. Busqué el restaurante La Cabaña pero no lo encontré.   6. Empecé después de la reunión.

B   1. Yo llegué primero a la clase.   2. Empezó a las nueve de la mañana.   3. Sí, busqué un libro de historia.   4. Sí, lo toqué en la fiesta el sábado pasado.   5. Sí, lo comencé el invierno pasado.

4.   **A**   1. **Escribe la carta.**   2. Come las tortillas.   3. Habla con Martín.   4. Lee esa carta.   5. Compra unas naranjas.   6. Pide jugo de naranja.   7. Bebe esa leche.   8. Di la verdad.   9. Sal de aquí.   10. Pon tus libros en la mesa.

B   1. **No, no vayas con ellos.**   2. No, no pidas postre.   3. No, no compres una hamburguesa.   4. No, no pongas los libros aquí.   5. No, no vengas temprano.   6. No, no comiences ahora.   7. No, no respondas a la pregunta.   8. No, no comas ahora.   9. No, no digas las razones.   10. No, no tomes nada.

C   1. **Sea simpático.**   2. **Sé simpático.**   3. **No vengas tarde.**   4. Ten cuidado.   5. Diga la verdad.   6. No duerma mucho (tanto).   7. Coma usted todo.   8. No leas esos periódicos.   9. No vaya al cine todos los días.   10. No traiga muchos regalos.

5.   **A**   1. **Sí, dánoslo. No, no nos lo des.**   2. Sí, póntelos. No, no te los pongas.   3. Sí, cómpramela. No, no me la compres.   4. Sí, dímela. No, no me la digas.   5. Sí, despiértame a las seis. No, no me despiertes a las seis.   6. Sí, cómelas. No, no las comas.   7. Sí, léamelo. No, no me lo leas.

B   1. Carlos, aféitate antes del desayuno.   2. Amanda, lávate las manos.   3. No te levantes temprano.   4. No te sientes allí, por favor.   5. Dale la propina.   6. No les prestes el dinero.   7. Rodolfo, ponte el sombrero.   8. Carmen, pruébate este vestido.   9. No les escribas una carta esta semana.   10. Acuéstate antes de medianoche.

6.   1. pase   2. recuerde   3. digan   4. comencemos   5. puedan   6. vengan   7. se sienten

7.   **A**   1. No, no le di cinco dólares.   2. Sí, nos divertimos mucho.   3. No vayas a la fiesta esta noche.   4. Dormí un poco.   5. Hoy yo llegué a la clase a las ocho en punto.   6. Me desperté a las seis y media. 7. Ten más prisa. 8. Sí, nos acostamos muy tarde anoche.

B 1. ¿Dónde durmió usted anoche? 2. Busqué mis libros esta mañana pero no los pude encontrar (or no pude encontrarlos). 3. Llámala mañana. 4. No se preocupe, por favor. 5. No traje un lápiz. Préstame uno, por favor. 6. ¿Pidió usted permiso?

8, 9, 10, 11 *Individual responses*

VOCABULARIO 1. propina, dieta 2. chorizo, reina, sabrosa 3. jugarlo, tocarlo, tratarlo 4. ensalada, dieta 5. la tarde 6. particular 7. guerra, vez, postre 8. medianoches, tardes 9. regañar 10. la reina

Lección 10

1. A 1. **encontrábamos** 2. Hablaba 3. Decían 4. vivía 5. aprendían 6. Pasabas 7. Comprendía 8. Vivíamos 9. aprendían 10. venía 11. Aprendíamos 12. vivían 13. Hablaban 14. Comprendías 15. estaban

B 1. me bañaba 2. vendían 3. conocíamos 4. Tomabas 5. lavaba 6. sentía 7. tocaba 8. pedían 9. esperaba 10. Se divertía

C 1. Silvia vivía con su tía. 2. ¿Dónde descansaba usted cuando estaba cansado(a)? 3. Cantábamos en la televisión. 4. ¿Qué hacías? 5. Siempre hablábamos español en casa.

2. A 1. **Era** 2. Íbamos 3. veía 4. Ibas 5. Eran 6. Veían 7. Veía 8. Eran 9. era, íbamos 10. veía

B 1. Yo iba al campo con mi papá. 2. ¿De qué color era tu casa? 3. ¿Adónde ibas? 4. Él era muy listo cuando era más joven. 5. ¿Veían un partido todos los fines de semana?

3. 1. **fácilmente** 2. frecuentemente 3. felizmente 4. públicamente 5. solamente 6. usualmente

4. 1. **Eugenio no comió tanta ensalada como José.** 2. Raúl sabía tanto como Pepe acerca de España. 3. Él era tan alto como Claudia. 4. Rosa siempre estudiaba tanto como Juan. 5. Nadie dormía tanto como Jorge. 6. Tengo tanto dinero como Ricardo.

5. 1. **El señor Rodríguez es más feliz que su esposa.** 2. Manolo tiene menos dinero que Miguel.

3. Silvia aprende más que Juana. 4. Ellos tienen más de mil dólares. 5. Carlos parece más inteligente que Tomás. 6. Él tiene más de treinta y dos años. 7. Marcos es más rico que yo. 8. Creo que Anita es más bonita que Carmen. 9. Alicia va al cine más frecuentemente que su hermana. 10. Tus clases son más fáciles que mis clases.

6. 1. **El carro de Miguel es mejor que el carro de Manolo.** 2. Estos zapatos son peores que esos zapatos. 3. Este libro es mejor que el otro. 4. La fiesta de anoche fue mejor que esta fiesta. 5. Soy mayor que mi hermano. 6. Soy más pequeño que él. *or* Soy más bajo que él. 7. Sara es menor que su hermana.

7. 1. **es menos pobre. es la menos pobre.** 2. es más fácil. es la más facil. 3. es más alta. es la más alta. 4. es menor. es la menor. 5. es peor. es la peor. 6. es mejor. es el mejor. 7. es más grande. es el más grande. 8. es más vieja. es la más vieja.

8. 1. **Luisa canta mejor que yo.** 2. Pedro estudia mejor que Francisco. 3. Yo hablo español mejor que mi compañero(a). 4. Carlos juega peor que Eduardo. 5. Yo toco peor que mi primo.

9. 1. **El español es importantísimo.** 2. El español es facilísimo. 3. Ella es bellísima. 4. El postre está riquísimo. 5. La revolución fue peligrosísima. 6. Las camisas son blanquísimas.

10. 1. **Quiero que mi novio(a) me llame pronto.** 2. Ellos dudan que yo pueda construir una casa. 3. A él le gusta que Rosa venga. 4. (Nosotros) preferimos que la clase termine temprano. 5. Ella espera que (nosotros) volvamos pronto.

11. A 1. mayor 2. jugábamos 3. Eran 4. importantísima 5. tanto . . . como 6. más 7. el más alto 8. tan . . . como

B 1. Esa clase era facilísima. 2. ¿Visitaban ustedes a los abuelos cada verano (todos los veranos)? 3. No tengo tanto tiempo como tú. 4. Si tienes más de veinticinco dólares, préstame cinco. 5. Siempre hablábamos más español que inglés. 6. ¿Quién es su mejor amigo(a)? 7. Tengo menos de diez dólares. 8. Esta película es peor que la película de anoche.

12, 13, 14, 15 *Individual responses*

Lección 10—*Crucigrama*

Lección 11

1. A 1. **gustó** 2. vistabas 3. Vivieron
4. comías 5. ayudaba 6. hablaba 7. era
8. daban

B 1. gustaba 2. era 3. dijo 4. iba
5. contó 6. sabía 7. jugaba 8. era

C 1. **Ella iba a la escuela.** 2. Hablé en una
reunión. 3. Íbamos al parque. 4. Ella dormía
bien. 5. Salimos temprano. 6. Él se acostaba a
las diez. 7. ¿Llovió?

2. 1. **¿Qué estaba haciendo usted cuando él entró?**
2. ¿Quién estaba hablando cuando ellos pasaron?
3. ¿Qué estabas leyendo cuando te llamé?
4. ¿Qué estaban escribiendo ellas? 5. Estaba
lloviendo cuando me desperté. 6. Federico estaba
bailando con Debbie cuando Alicia lo vio.

3. 1. Íbamos a la fiesta cuando empezó a llover.
2. Ellos venían a vernos cuando ocurrio él accidente.
3. Mario dijo que venía a nuestra reunión. 4. Iba a
la biblioteca cuando lo vi.

4. 1. Lo conocí 2. Él sabía 3. Pudimos
4. Conocías a Benito 5. Cuándo supiste
6. Quería abrir el cuarto 7. Sabías

5. 1. Conociste 2. sé 3. conoció 4. Conociste
5. supimos 6. Saben

6. 1. **¿Dónde se puede comprar pan?** 2. ¿Por qué se
estudia en la biblioteca? 3. ¿Dónde se habla
alemán? 4. ¿Se baila aquí todos los sábados?
5. ¿Cuándo se puede jugar? 6. ¿Dónde se prepara
esa comida? 7. ¿Por dónde se sale? 8. ¿Cómo se
sabe si es la verdad?

7. 1. **Se me rompió el lápiz.** 2. ¿Se te olvidó el libro otra vez? 3. Sí, se me quedó el libro en casa otra vez. 4. ¿Dónde se le cayó el dinero? 5. A mi hermano siempre se le perdían los zapatos. 6. ¿Cómo se te ocurrió esa idea? 7. ¿Qué se les olvidó a ellos esta mañana?

8. 1. **Prefiero que Alicia vaya a la fiesta.** 2. Prefiero que Federico baile con todas las chicas. 3. Prefiero que los deportistas no ganen mucho dinero. 4. Prefiero que mi compañero(a) de cuarto me preste su sobretodo. 5. Prefiero que ellos vengan a mi casa. 6. Prefiero que mi novio(a) me compre regalos. 7. Prefiero que ella descanse. 8. Prefiero que mi compañero se levante temprano.

9. 1. bailaba . . . esperaba 2. sabía . . . murió 3. fueron 4. iba 5. se aprende 6. me levantaba 7. Trajo 8. jugaba 9. olvidaron 10. estaba hablando

10, 11, 12, 13 *Individual responses*

VOCABULARIO 1. DEPORTISTA 2. BEISBOL 3. CATEDRAL 4. AJEDREZ 5. ABRIR 6. CORO 7. CAMPEONATO 8. EQUIPO 9. CHEQUE 10. PREGUNTAR 11. COPA 12. GRAMATICA 13. MARCAR 14. PATADA 15. PISCINA

Lección 11—*Sopas de letras*

A

```
D T G N L E D A P T Q N C G F
E E A J E D R E Z F R N P R P
P C H E Q U E T L F T J K A I
O J G D Q Y M M T C R E P M S
R U E Q J V C N U A M X R A C
T R X Q X I O X F M U F E T I
I B E I S B O L C P L H G I N
S J Z Q M M G Y A E V G U C A
T A S N A F E R T O U K N A H
A B C V R C Q X E N F X T N Q
K R O A C L U I D A A P A G O
F I R M A F I S R T E B R W R
K R O Z R R P T A O C O P A X
U L J G E M O Q L U Y P O I P
B K S N P W J P A T A D A U I
```

B

```
Y H R I C N B E I F H A P A C S T Z G X
R P I P U L F P P O Q Z Z S A K T K G I
G F U I T H W I T H C A T E D R A L T A
Q I M S Y P Q A C E R K B S R W T U U O
L D R C U I N H E Q U I P O C O P A E Z
I I A Y V O M D U Q P V C T O D A F Q Z
R G I K E Q Q B M D Y I U S R G J O Z T
W W S P C H E Q U E J Y Q Z O R E H W M
M O M B O Y V B A W C C Y T N A D K T I
T A E J T D E P O R T I S T A M R Y F U
C U R F Y Y Z D Z I H Y I D M A E M W U
P F F C S C O O J A K V A A P T Z R Q R
P I E B A F N U S X T T Q B I I H E B V
B F M E G R B F J X A V I K S C X U S Q
J W S I V D O W E P V M G P C A B R I R
A A U S A B X Q G W C A A G I V H S V W
P G K B X B K M S D D F D W N D N V M R
G Z X O X S B L J C J P D D A N X X V X
I J D L D T W E L P R E G U N T A R T F
M E D J X H U T L F O W O F B F V E K M
```

C

```
F P X R W L W G P C M I W T W S L G H Z K P R X Y
X T R J H G Y K O X O L A R D E T A C P O T R E
M P H J V M K R H B T Q B T S U A Y A B Y P A Z R
N W T C R H O G D M A E N H J A C T J W Z G Z A O
Q F T I I A L F C V N H N T P C A I N B S H C Z I
Q O F Z R C Y Y H L O O V O R D E O R T U R F I W
B F L Q B K D F V P E A C P A V K A J O A R Z B S
A A A A A E B A R P P C L I B R G I Z M Y S P K A
H V S T O H I E G I M I M U V Z E H U Z W Z T P
S H M U V B G G S S A T R Q A R R S N A E F X L I
T Q B S L U M Z X C C A S E K D X T C G Q V A S I
Y Y D O N S A N W I O M D H E A U K K M G X Y S C
O L L T N M Q D Z N N A Z J S C M P Z B M L V L X
D O A L H S R Y I A Z R A B Q A T Y V C H E Q U E
M R T R O A E N D T Q G L Y S D B W T X W U G E I
W M Q L B J J Y M M G F J A V P B W U Z A S I A W
E B U N Y M F V J S O N V L S T P W Y I O L H L N
I X U N H H Z J N S M A P M M G P K K T Y R H P C
V T F V J M O S U A T S I T R O P E D J W T J M S
M K F L B P E L O W V S I J W X T U D M P H O J V
Z E X U Q N H M A Q D Y U E E X E D R V P G D X S
Q Z C T Y X R L Z H H B E I S B O L L E X O T Y R
Z I H U T A L Y S R T W X O S T S L Q T O Z U E V
U E X V P D I R H Q Y N T R G G H L G P L L S U N
K C X J R O F U O N O N T U G V J H Z L U I G E Z
```

Lección 12

1. 1. **cantará** 2. se probará 3. irás
    4. responderán 5. Pedirán 6. olvidará
    7. volverán 8. traerá 9. sugerirán 10. Me
    afeitaré

2. 1. **Vendrá el profesor** 2. Sabrá ella 3. Podremos
    4. saldrá el médico 5. Tendrá usted 6. Pondrá la
    muchacha 7. haré yo 8. tendrás 9. valdrá
    10. habrá

3. 1. **¿Tendrá sed Mario?** 2. ¿Será él la persona que
    vimos? 3. ¿Dónde estará mi compañero(a) de
    cuarto? 4. ¿Qué hará Elena esta noche? 5. ¿Qué
    estarán comiendo?

4. 1. **Le escribo mañana.** 2. Él viene a mi casa esta
    noche. 3. Te hablamos más tarde. 4. Me da los
    papeles mañana. 5. Nos (lo) dicen la próxima
    semana (la semana que viene).

5. 1. **¿Vengo ahora?** 2. ¿Estudiamos esta noche?
    3. ¿Bailamos? 4. ¿Nos acompañas? 5. ¿Compro
    el broche o los aretes?

6. A 1. **No, prefiero éstos.** 2. No, prefiero éste.
    3. No, prefiero ésta. 4. No, prefiero éstos.
    5. No, prefiero éstas.

    B 1. **Aquél me gusta más.** 2. Aquéllos me
    gustan más. 3. Aquél me gusta más.

    C 1. **Me interesa más ése.** 2. Me interesa más
    ésa.

    D 1. Éste 2. Aquéllos 3. Eso 4. Aquéllas
    5. ése

7. 1. **¿Dónde se venden buenas joyas?** 2. ¿Dónde se
    escribieron estos libros? 3. Se abrieron las puertas
    a las nueve. 4. ¿Cómo se recibió la decisión?
    5. No se venden camisas aquí. 6. Se encontró mi
    sobretodo en el parque. 7. Se jugarán dos
    partidos mañana.

8. 1. **sino** 2. sino que 3. pero 4. pero 5. sino
    que 6. pero 7. sino 8. pero 9. sino
    10. pero

9. 1. Te hablamos después (más tarde). 2. ¿Qué hora
    será? 3. ¿Compro este disco? 4. No queremos
    regresar (volver) mañana, pero lo haremos.
    5. Este broche es bonito, pero ése es más bonito.
    6. ¿Cómo se baila la salsa? 7. Se cerraron las
    puertas a las siete. 8. No me gustan estos anillos,
    sino aquéllos.

10, 11, 12, 13 *Individual responses*

VOCABULARIO 1. comedor 2. compras
3. carnicería 4. peluquería 5. farmacia
6. champú 7. recuerdos 8. joyería 9. barata
10. sastrería 11. millonaria 12. estampilla
13. librería 14. Caminar 15. vendedor

Lección 13

1. A 1. **Sería** 2. Compraría 3. Visitaría
    4. Dormirías 5. Vivirían 6. Comerían
    7. Hablaría 8. Conocería 9. Tocaría
    10. Traería 11. Entraríamos

    B 1. **Dijo, volvería** 2. Dijo, estaría
    3. Prometiste, hablarías 4. Dije, ganaríamos
    5. dijo, cantaría 6. dije, llevaría 7. indicó, nevaría
    8. dijo, conocería

    C 1. **Tendría que preguntarle a mi papá.** 2. Yo
    no tendría su paciencia. 3. No dirías esas cosas otra
    vez. 4. Estos aretes valdrían más en los Estados
    Unidos. 5. Él dijo que habría una fiesta para mi
    cumpleaños. 6. Él diría todo.

2. 1. **Podría** 2. pasaría 3. prestarías 4. pediría
    5. deberían 6. podrían

3. 1. **No sé, serían las doce cuando volvió.** 2. No sé,
    estaría en España. 3. No sé, moriría el siglo
    pasado. 4. No sé, sería el embajador. 5. No sé,
    serían las siete y media. 6. No sé, estaría en el
    autobús. 7. No sé, sería el gordo. 8. No sé, iría a
    casa. 11. No sé, compraría un regalo para su
    novia. 12. No sé, sería una estudiante de otra
    universidad.

4. A 1. **Hace varios meses que hablamos español.**
    2. Hace tres años que él está en la universidad.
    3. Hace dos días que no le escribo. 4. Hace tres
    horas que trabajo con estas preguntas. 5. Hace
    mucho tiempo que no vemos un campeonato de
    ajedrez. 6. Hace diez minutos que estoy esperando
    aquí.

    B 1. **Hace diez semanas que empezó el semestre.
    Empezó el semestre hace diez semanas.** 2. Hace
    una hora y media que empezó la película. La película
    empezó hace una hora y media. 3. Hace dos días o
    más que el artículo salió en el periódico. El artículo
    salió en el periódico hace dos días o más. 4. Hace
    una semana que recibí la carta. Recibí la carta hace
    una semana. 5. Hace treinta años que se casaron
    mis padres. Mis padres se casaron hace treinta años.

5. A 1. **para** 2. para 3. por 4. para 5. por 6. por 7. por 8. por 9. Para 10. para 11. por 12. para 13. por 14. por 15. para

B 1. **Creía que él me llamaría para las ocho.** 2. ¿Cuánto pagaste por esos boletos? 3. Por lo menos no tenemos que buscar hotel. 4. Él trabaja para la compañía de mi tío. 5. Por ahora, estamos bien. 6. Vine a la universidad para estudiar medicina. 7. Mañana por la tarde saldremos para Mazatlán. 8. ¿Hay una lavandería por aquí?

6. 1. Espero que alguien me llame esta noche. 2. Mis compañeros(as) de cuarto quieren que yo prepare la cena. 3. Dudo que me ayuden. 4. Le diré a Miguel que coma con nosotros. 5. Dicen que quieren que lo invite.

7. 1. vendría 2. nos vemos 3. debería *or* debe 4. serían 5. conocí 6. vendería 7. Estaría 8. gustaría 9. está 10. escogería

8, 9, 10, 11 *Individual responses*

Lección 13—*Crucigrama*

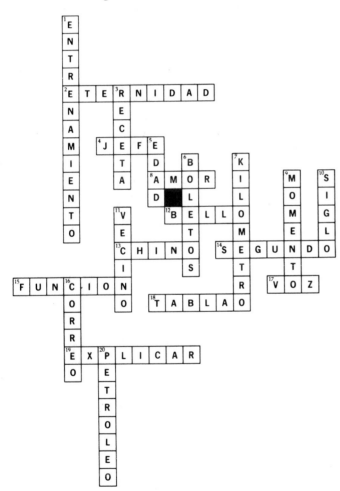

Lección 14

1. A 1. **salido** 2. eliminado 3. respondido 4. congelado 5. divertido 6. creído 7. hecho 8. escrito 9. dicho 10. muerto

B 1. **Sí, han estudiado.** 2. Sí, se lo han dicho. 3. Sí, ha cantado con ese grupo. 4. Sí, ha traído sobretodo. 5. Sí, los han visitado. 6. Sí, ha vuelto a casa. 7. Sí, la hemos pagado.

C 1. **No, porque ya me he afeitado.** 2. No, porque ya nos ha visitado. 3. No, porque ya he ido. 4. No, porque ya lo (la) he llamado. 5. No, porque ya nos ha escrito. 6. No, porque ya ha habido fiesta. 7. No, porque ya la he abierto.

2. 1. **Dijo que había tomado un par de cervezas.** 2. Dijo que no había sufrido de anorexia. 3. Dijeron que no habían comido nada. 4. Dije que no había oído del accidente. 5. Dijo que no había tomado un montón de pastillas. 6. Dije que le había traído un regalo a Susana.

3. 1. **habría ido al tablao.** 2. habríamos viajado por avión. 3. habrían ganado el partido. 4. habría comprado varios recuerdos. 5. me habría puesto ese vestido elegante.

4. 1. **habré llegado.** 2. habrán vuelto. 3. me habré levantado. 4. habremos llegado. 5. le habré dicho todo.

5. 1. **La puerta está abierta.** 2. Pareces cansado. 3. Está acostado ahora. 4. Están sentadas en mi oficina (or despacho). 5. ¡Estos zapatos no están lustrados!

6. 1. están 2. estuvieron 3. será 4. es 5. está 6. es 7. estás 8. Es 9. Está 10. fue

7. A 1. **Ese libro fue publicado por la compañía de mi tío.** 2. América fue descubierta por Cristóbal Colón. 3. Ese regalo fue comprado por Susana y sus amigos. 4. Ese libro fue escrito por mi tía. 5. Esas casas fueron construidas por el señor Lozano. 6. La fiesta de anoche fue organizada por David.

B 1. estoy 2. está 3. fue 4. está 5. fue

8. 1. **Sí, es una amiga mía.** 2. Sí, es un amigo suyo. 3. Sí, son amigos nuestros. 4. Sí, es profesora suya. 5. Sí, es compañero suyo. 6. Sí, son profesores nuestros. 7. Sí, son hermanos suyos. 8. Sí, son amigas nuestras.

9. A 1. **el tuyo** 2. los míos 3. suyo 4. la nuestra 5. los suyos 6. el mío 7. los tuyos

B 1. **los míos, los suyos** 2. las mías, las suyas 3. el mío, el suyo 4. el tuyo, el mío 5. el mío, el suyo

C 1. **El del señor Torres** 2. las de ellas 3. los de mamá 4. las del joven 5. el de ustedes

10. 1. conocido 2. había 3. Habría 4. Es 5. fueron 6. las mías 7. están

11, 12, 13, 14 *Individual responses*

VOCABULARIO 1. consultorio 2. deprimidos 3. aburrido 4. muela 5. nervioso 6. paciente 7. viejo 8. industrioso 9. cerrar 10. descubrir 11. inyección 12. débil 13. reposo 14. cita 15. sano

Lección 15

1. A 1. **Pedimos que Rafael venga mañana.** 2. Quiero que mi novia me compre un regalo para la Navidad. 3. Julio quiere que visitemos a la familia. 4. Todos preferimos que el gobierno aumente los salarios. 5. Mi compañero espera que yo limpie mi cuarto. 6. Pido que alguien me preste un lápiz. 7. David necesita que lo llevemos a la farmacia. 8. Dígales que nos presten unos libros. 9. Siento que no me escriba mucho. 10. Quieren que lo comprendamos (bien).

B 1. **No, Elena quiere que ustedes vean la televisión.** 2. No, Héctor prefiere que los otros trabajen para *El Mercurio*. 3. No, el profesor quiere que nosotros leamos las instrucciones. 4. No, mamá insiste en que yo tome las pastillas. 5. No, prefiero que usted prepare la cena.

2. A 1. **traiga** 2. se apuren 3. dé 4. acompañe 5. esperen 6. haga 7. visite 8. vaya 9. pague 10. conozcas

B 1. **salga** 2. haga 3. traduzca 4. vaya 5. sea 6. conozca 7. dé

3. A 1. **volvamos** 2. cierre 3. puedan 4. entiendan 5. siga

B 1. **cierren** 2. entendamos 3. duerma 4. perdamos 5. vuelvas 6. sienta 7. sigamos 8. pidan

4. 1. **Ojalá que Roberto me preste sus zapatos marrones.** 2. Ojalá que ellos compren una casa amarilla. 3. Ojalá que él me dé una flor rosada. 4. Ojalá que ella nos venda el carro dorado. 5. Ojalá que a él le guste la camisa azul.

5. 1. **Quiero bailar.** 2. **Quiero que bailes.** 3. Quiero que me compres unos zapatos rojos. 4. Quiero comprarte una camisa blanca. 5. Esperamos acompañarte al partido de fútbol. 6. Esperamos que nos acompañes al cine. 7. Él siente que ella no pueda salir con él. 8. Ella también siente no poder salir con él. 9. Queremos cantar en el programa. 10. Ellos quieren que cantemos en el programa.

6. A 1. **puedan** 2. ayude 3. viene 4. van 5. sepan 6. sale 7. tengan 8. doy 9. conteste

   B 1. **toquen** 2. hablar 3. comprendas 4. estudiar 5. estudies 6. lleguemos 7. terminen 8. podamos 9. esté 10. descansemos 11. tener

7. 1. **vuelven** 2. son 3. puede 4. permita 5. puedan 6. venga 7. ganemos 8. Hay 9. acompaño 10. celebren

8. 1. pierdan 2. pienso 3. acompañe 4. venga 5. compre 6. cierran 7. haya 8. trate 9. está 10. comer

9, 10, 11, 12 *Individual responses*

VOCABULARIO 1. partido 2. ciudadano 3. privilegio 4. seguro 5. palabra 6. sindicato 7. convenir 8. necesario 9. noticia 10. noticia

Lección 16

1. A 1. **tenga** 2. sepa 3. son 4. sea 5. habla 6. toque 7. esquían 8. quiere 9. acompañe 10. parece

   B 1. Busco a alguien que me pueda ayudar. 2. Mi compañero(a) de cuarto dice que prefiere a alguien que no ronque. 3. Inés quiere conocer un chico que aprecie la música clásica. 4. ¿Tiene usted un(a) amigo(a) que siempre le pida dinero?

2. 1. **Roberto vaya al concierto con nosotros.** 2. Juana escuche la música de los mariachis. 3. me vendan ese carro. 4. mi novio esté muy enfermo. 5. él me dé los discos.

3. 1. **sea** 2. puede 3. somos 4. vean 5. tengo 6. decidan 7. quiera 8. hay 9. perdamos 10. vengan

4. 1. **Que Pepe lo haga.** 2. Que Pedro cierre las ventanas. 3. Que traigan la música José e Inés. 4. Que nos (lo) diga Juan. 5. Que vanga Raúl. 6. Que compren los boletos ellos. 7. Que toquen los mariachis. 8. Que cocine la cena tu compañero(a) de cuarto. 9. Que nos visiten ellos. 10. Que decida María.

5. 1. **comamos** 2. Sentémonos 3. vamos 4. no juguemos con ellos 5. no nos quedemos aquí 6. Abrámoslo 7. Hagámoslo 8. vistámonos en trajes de gala

6. 1. **pedí** 2. preguntar 3. Pídales 4. Pregúntele 5. preguntó 6. pidieron 7. pediremos 8. Pregúnteles 9. pide

7. 1. ¡Vámonos ahora! 2. ronque 3. preguntó 4. publiquen 5. lleguemos 6. toca la guitarra 7. sea 8. se siente 9. hablemos 10. insista

8, 9, 10, 11 *Individual responses*

VOCABULARIO 1. EXCURSION 2. ARTISTA 3. MELODIA 4. ENERGICO 5. GENEROSO 6. RONCAR 7. MARIDO 8. PASIVO 9. MENTIR 10. VARIOS 11. ORQUESTA 12. COMPASION 13. LENGUA 14. INTERPRETAR 15. COCINAR

Lección 16—*Sopas de letras*

A

B

```
Q C C E R K B S R W T U U O L D R C U I
H E O Z I I A Y V M D U Q P V C T D F C
Z R G M I K Q Q B G E N E R O S O M D M
Y I U S P O Z T W W S J Y Q Z H W M Q E
B O Y A V A R B I N T E R P R E T A R L
A W C C R I S E N E R G I C O Y M T N O
K T I T T E I J T Y F V U F Y A Y Z D
D Z I N H Y I I O M M R O N C A R W U I
P E E F S C E S O N O J A K V A I R Q A
R M P I E F X N T U S X T Q B H D E B V
B F M G B F C J X A V I O K X U O S Q J
W S V D O W U E V M G V A P A A U A B X
Q G W C A A R G V H I T V A R I O S S V
W P G K X B S K M S S S C D F D W D N
V M R G Z X I X A E L S B L O J C J P D
D N X X V X O P U I J E D D T C W E L T
F M E D J X N Q H U T L N F O W I Q F B
F V E K M K R D T P G J B G L C W N C J
I K K I L O E B H W G W P N U X G K A U
M J E G I G N V F N Z E W K B A T X X R
```

C

```
D Q S A N W O D H A U K K M G X Y S C O L L N M Q
D Z N Z S M C M P Z B M L V L X D O L H S R Y I Z
B Q A T E Y V M T R O A E N D T Q L Y S D B W T X
W U G N E I W M Q L B J J Y M M G F J A V P B W U
Z A T S I E C O C I N A R A W E B U N Y M F V J S
O I N V L S X T P W Y I O L H L N I X U N H H Z J
R N S M A P M C M G P K K A R T I S T A R T Y R H
P C V T F V J M U Q S U J W T J M S M K O F L B P
E L O W V S I J W R X T U D M P H O J O N V Z E X
U Q N H M A Q D X U S E E X E D R V P R C G D X S
Q Z C T Y X R O L Z H I H L E X O T Y Q A R Z I H
U T A L Y S S R T W X O O S T S L Q T U R O Z U E
V U E X V O P D I R H Q Y N N T R R G E G H L G P
L L S U R N K C X J R O F U O N O A N S T U G V J
C H Z E L U I G E Z Y S S U G L U T C T L Q P P N
C H N C K M T C B H V Q C D J U J E O A T E A E O
I E M E L O D I A C T Q J I X X D R S O Z S P E I
G O I Y P V T G X M A R I D O Z I P K O I I Q L S
R H W Y J K M U S G W R E T I T W R A V I R U A P
E L E I I C C B A B K U J K W H C E O V N R U S P
N E C C O A U Y Y Q W P H L O K G T S K I O A Y M
D G E Y G F K R E W A B V W K W I I Q P V V D G C
A U Q D G E H J H E R Q L A G A Q S V O A M R O A
X A U B B G B D X L J P S O M G S C O R Z C P O P
```

Lección 17

1. A 1. **vaya yo** 2. escribas 3. tengas 4. sepan
5. haya 6. tengamos 7. haya

B 1. **antes (de) que** 2. con tal (de) que 3. a
menos que 4. en caso (de) que 5. para que *or* a
fin (de) que 6. sin que 7. cuando 8. hasta que
9. aunque 10. mientras (que) 11. tan pronto
como *or* en cuanto 12. después (de) que

C 1. **salimos** 2. estén 3. vengan 4. termine
5. sepa 6. hacen 7. cueste 8. llegue
9. puedan 10. sirven 11. hace

D 1. Traeré la comida con tal (de) que traigas el
regalo. 2. Tengo que hablarle cuando ella llegue.
3. ¿Cómo comprarás el regalo sin que ella lo sepa?
4. Cuando ella está cansada, no le gusta ir a fiestas.
5. Estamos celebrando (Hacemos) esta despedida
para que nos recuerdes. 6. Mientras estés en
España, tendrás que probar el queso gallego.
7. Antes (de) que te demos este regalo, tienes que
hablar. 8. Después que lleguemos a casa, ¿qué
harás? 9. Escríbenos tan pronto como (*or* en
cuanto) llegues a casa. 10. Usualmente escribo tan
pronto como puedo después de un viaje.

2. A 1. **terminar** 2. salir 3. esperar

B 1. **Al entrar** 2. Al tomar 3. Al terminar (*or* Al
acabar)

C 1. **Espero poder visitar Santiago de Compostela.**
2. Me gusta ir a fiestas. 3. Quiero aprender las
costumbres antes de ir. 4. Prefiero comer más
tarde.

D 1. **No podemos divertirnos sin que todos bailen
y canten.** 2. Él no quiere salir hasta que yo salude a
todos. 3. Iremos a la fiesta para que tú te despidas
de nosotros. 4. Quieren comer antes (de) que él
salga. 5. Espero que usted pueda ir.

3. A 1. **hablaran** 2. decidiera 3. vendieras
4. pensaras 5. viviéramos 6. cerrara
7. escribiera 8. fuéramos 9. estuviéramos
10. diera 11. tuviéramos 12. fueran
13. vinieras 14. supiera 15. dijerais

B 1. **buscáramos** 2. comieras 3. volviera
4. comprara 5. trajeras 6. hiciéramos
7. tocaran 8. recordáramos 9. fueras
10. fueran 11. se cansara 12. pudieran

4. A 1. **se casara** 2. acompañara 3. viniéramos
4. fuera 5. pudiera

B 1. **Quería que te probaras este vestido.**
2. Dudaba que usted pudiera entender esto. 3. Le
pedía que se levantara más temprano. 4. No
querían que saliéramos después de las once.
5. Quería que conocieras a mi tía. 6. Era imposible
que uno se durmiera aquí.

C 1. **Quería que él se acostara.** 2. Quería que yo
no me preocupara. 3. Quería que me invitaran a la
fiesta. 4. Quería que habláramos español en la
clase. 5. Evelina quería que Cristina le escribiera.

5. A 1. **fuera** 2. quisiera 3. se llamara
4. supiera 5. pudiera

B 1. **sabía** 2. fuera 3. conociera 4. traducía
5. hacía

6. A 1. **acompañara** 2. pudieran 3. tuviera
4. gustara 5. comprara

B 1. **llegaron** 2. abrió 3. llamara 4. trajeron
5. viniera 6. se despidieron 7. se vistieran
8. me levantaba

7. A

VERB	PRESENT INDICATIVE		IMPERFECT	
	usted	nosotros	usted	nosotros
hablar	habla	hablamos	hablaba	**hablábamos**
recibir	recibe	**recibimos**	recibía	recibíamos
decir	dice	decimos	**decía**	decíamos
entender	**entiende**	entendemos	entendía	entendíamos
aprender	aprende	aprendemos	aprendía	**aprendíamos**
pedir	pide	**pedimos**	pedía	pedíamos
ir	**va**	vamos	**iba**	íbamos
hacer	hace	hacemos	**hacía**	hacíamos
dormir	duerme	**dormimos**	dormía	dormíamos
poder	**puede**	podemos	podía	podíamos

VERB	PRETERIT		
	usted	nosotros	ustedes
hablar	habló	hablamos	hablaron
recibir	recibió	recibimos	**recibieron**
decir	dijo	dijimos	dijeron
entender	entendió	entendimos	entendieron
aprender	aprendió	aprendimos	aprendieron
pedir	**pidió**	pedimos	pidieron
ir	fue	fuimos	fueron
hacer	hizo	**hicimos**	hicieron
dormir	durmió	dormimos	durmieron
poder	**pudo**	pudimos	pudieron

VERB	PRESENT SUBJUNCTIVE		IMPERFECT SUBJUNCTIVE	
	usted	nosotros	usted	nosotros
hablar	hable	hablemos	**hablara**	habláramos
recibir	**reciba**	recibamos	recibiera	recibiéramos
decir	diga	**digamos**	dijera	dijéramos
entender	**entienda**	entendamos	entendiera	entendiéramos
aprender	aprenda	aprendamos	aprendiera	**aprendiéramos**
pedir	pida	pidamos	pidiera	pidiéramos
ir	vaya	vayamos	fuera	fuéramos
hacer	haga	hagamos	hiciera	hiciéramos
dormir	duerma	durmamos	**durmiera**	durmiéramos
poder	**pueda**	podamos	pudiera	pudiéramos

B 1. Quería que vinieras con nosotros.
2. Salimos antes (de) que él llegara. 3. Él buscaba a alguien que le ayudara. 4. Le dije que no le ayudaría a menos que él estudiara por la noche también. 5. Él me dijo que fuera a la biblioteca a las siete.

C 1. vemos 2. brindar 3. invites 4. os acordéis 5. me despida 6. correr 7. continuar 8. verlos

8, 9, 10, 11 *Individual responses*

VOCABULARIO
A 1. exactamente 2. absoluto 3. magnífico 4. rotundamente 5. en cuanto 6. precioso 7. hostal 8. posiblemente

B 1. recordar 2. felicidad 3. cansarse 4. sencillo 5. lejos 6. muchísimo 7. antes (de) que 8. claro

Lección 18

1. A 1. **Si tuviera dinero, iría.** 2. Si hiciera viento, no me pondría el sombrero. 3. Si estudiáramos, podríamos sacar buenas notas. 4. Si te acostaras temprano, no tendrías sueño. 5. Llegarías tarde si no te apuraras. 6. Si durmiera, me sentiría mejor. 7. Sufriría de alergia si no fuera al médico. 8. Tendríamos que participar en el programa si nos quedáramos.

B 1. **Si no estoy cansado, estudio más.** 2. Si está en casa, me llama. 3. Recibe permiso si lo pide. 4. Si el médico viene, es mejor. 5. Si vivimos en Málaga, podemos ir a la playa.

C 1. **Si tuviera frío, me pondría el abrigo.** 2. Aprenderíamos más si leyéramos más libros. 3. Yo iría si pudiera. 4. Si tuviera tiempo,

terminaría el trabajo esta noche. 5. Si fuera posible, él también lo haría. 6. Mis amigos trabajarían si les pagáramos más. 7. Si usted fuera a España, ¿qué le gustaría ver? 8. Me quedaría en casa si supiera que ustedes venían.

2. 1. **Habla como si fuera el jefe.** 2. Gritan como si yo no pudiera oír. 3. Ella corre como si estuviera cansada. 4. Mi hermano habla como si le gustara su trabajo. 5. Trabajan como si tuvieran todo el día para terminar. 6. Es como si ella quisiera salir. 7. Es como si él no me conociera.

3. 1. **¿Podría usted ayudarme? ¿Pudiera usted ayudarme?** 2. ¿Podrían ustedes venderlo? ¿Pudieran ustedes venderlo? 3. Usted debería trabajar. Usted debiera trabajar. 4. Ellos deberían vender el carro. Ellos debieran vender el carro. 5. ¿Querría usted pagarme? ¿Quisiera usted pagarme? 6. ¿Querrían ustedes ir a España con nosotros? ¿Quisieran ustedes ir a España con nosotros?

4. A 1. **Ojalá que Ricardo me llame esta noche.** 2. Ojalá que puedas venir a nuestra fiesta. 3. Ojalá que todos se diviertan. 4. Ojalá que no llueva esta noche. 5. Ojalá que haya muchas personas allí.

B 1. **Ojalá (que) viniera Ricardo a la fiesta.** 2. Ojalá (que) hubiera tiempo para invitar a Catalina. 3. Ojalá (que) pudiera llevar el traje (vestido) de mi compañero(a). 4. Ojalá (que) Alfredo y Luis supieran de la fiesta. 5. Ojalá (que) no estuviera cansado(a).

5. A 1. **Ricardo prefiere que sus compañeros preparen la comida.** 2. Ricardo prefiere que usted venga temprano. 3. Ricardo prefiere que nosotros hagamos los deberes. 4. Ricardo prefiere que Alicia le traiga un regalo. 5. Ricardo prefiere que todos le digan la verdad.

B 1. **Catalina se alegraba de que Ricardo viniera a visitarla anoche.** 2. Catalina se alegraba de que hubiera personas que tocaran la guitarra. 3. Catalina se alegraba de que la orquesta tocara música contemporánea. 4. Catalina se alegraba de que todos pudieran venir a la fiesta. 5. Catalina se alegraba de que sus mejores amigos se casaran.

6. 1. **viva** 2. vino 3. pudiera 4. estudiara 5. trabajaba 6. conozca

7. 1. **Voy antes que mi compañero regrese.** 2. Ellos vienen con tal que ustedes vengan. 3. Ella salió anoche sin que nadie la viera. 4. Me levantaré mañana tan pronto como usted me llame. 5. Me despediré de ellos esta tarde después de terminar mi trabajo. 6. Él no baila a menos que toques la guitarra.

8. 1. Si vas, ¿me traes (*or* me traerás) un regalo? 2. Ella se viste como si tuviera mucho dinero. 3. ¿Te gustaría ir al teatro conmigo? 4. Yo sabía que no tenían tiempo para terminar. 5. Temíamos que ellos no se casaran. 6. Ojalá (*or* Quisiera que) me diera un libro que pudiera leer. 7. ¿Conociste al profesor (a la profesora) que trabajaba como guionista? 8. Ella nos dijo que nos llamaría tan pronto como (*or* en cuanto) regresara (*or* volviera). 9. Me bañaba tan pronto como (*or* en cuanto) me levantaba. 10. Si no fueras estudiante ahora, ¿dónde te gustaría estar? 11. Él me trata como si yo fuera niño(a). 12. Debes (*or* Deberías *or* Debieras) hablarle a (consultar con) un médico acerca de eso.

9, 10, 11, 12 *Individual responses*

VOCABULARIO 1. doctorado 2. opinión 3. refresco 4. casamiento 5. tradiciones 6. etapas 7. se comprometen 8. obedece 9. enseñen 10. ocupada

TRANSLATIONS

The translations included in this section are for each of the lesson dialogs, the cultural notes for Lessons 1–3, and the restaurant menu (*La Cabaña*) from Lesson 9.

Preliminares

Instructional vocabulary

Diálogo   *Dialog*
Preliminares   *Preliminary lesson*
Perspectiva   *Perspective; preview*

Lección 1

Dialog: Nancy and Professor González

PROFESSOR   Good morning, young lady. How are you?
NANCY   Fine, thank you. And you?
PROFESSOR   Quite well. What's your name?
NANCY   My name is Nancy.
PROFESSOR   It's a pleasure.
NANCY   It is a pleaure.

The friends Tony and Miguel

TONY   Hi, Miguel! How are you?
MIGUEL   Fine (Perfectly), and you? How goes it?
TONY   Not very well. I'm tired.
MIGUEL   You study too much.
TONY   No, I don't study much.
MIGUEL   And how do you learn Spanish?
TONY   I always speak with the girls in Spanish.

The friends Maribel and Nancy

MARIBEL   Hi! How goes it? Do you speak Spanish too?
NANCY   Yes, I speak a little. What's your name?
MARIBEL   My name is Maribel, and you?
NANCY   My name is Nancy.
MARIBEL   Where do you live?
NANCY   I live in an apartment. I study (am studying) at the university.

MARIBEL   Well, see you later (until later).
NANCY   Yes, until tomorrow.

Cultural notes: Formal greetings

You (**usted**) with older or important people

Nancy greets the professor in the morning.
—Good morning, ma'am. How are you?
—Fine, thanks, and you?

Tony greets the professor in the afternoon.
—Good afternoon, sir. How are you?
—Very fine, thanks. And you?

It is important to shake hands . . .
—with older persons.
—when being introduced.
—in a social gathering.
—with important people.

Informal greetings

You (**Tú**) with friends, members of one's family, and children

With friends (male)
Miguel greets his friend Tony.
—Greetings, Tony! How are you?
—Fine, and you?
—So-so.

With friends (female)
Maribel greets her friend Nancy.
—Hi, Nancy! How's it going?
—Fine (Perfectly), and you?
—Pretty good (More or less).

With members of the family
Mom greets her (the) daughter.
—Hi, Maribel! Are you all right?
—Yes, Mom, very fine.

With children
Nancy greets the child Pepe.
—Hi, Pepe! How are you?
—Fine, and you?
—Very well, thanks.

It is customary to give a hug between male friends and to give a kiss (on the cheek) among female friends.

Lección 2

Dialog: What are you studying?

JOHN   Hi, Isabel! You're studying French, right?
ISABEL   Yes, I read and speak a little. Dad is French.
JOHN   Then you understand two languages.
ISABEL   Yes, more or less.
JOHN   Where do you live?
ISABEL   Well, now I live here in this apartment.
JOHN   Oh, you do? How are your roommates?
ISABEL   They're very intelligent girls and likable (nice), too.

Where are you from?

ERIC   Hi! I'm Eric Madsen, and you?
DOLORES   My name is Dolores.
ERIC   Glad to meet you (Much pleasure). You're not a North American, right? Where are you from?
DOLORES   I'm not from the United States. I'm from Chile.
ERIC   Oh, a Chilean, eh? What are you studying? Difficult subjects?
DOLORES   English, German, and medicine.
ERIC   You're studying medicine? I congratulate you.
DOLORES   Thanks. You're very kind.
ERIC   So are you. (Equally.)

Where are you going?

DANIEL   Hi, Miguel! Where are you going tonight?
MIGUEL   I'm going to the plaza and then to a disco (discotheque).
DANIEL   Are you going alone?
MIGUEL   No! I'm going with some classmates. And you?
DANIEL   I'm going with some American friends.
MIGUEL   Where are you going? To the plaza to have (a) beer, eh?
DANIEL   No, we're going (to pass) by several bars.

MIGUEL   Aren't you going to the disco?
DANIEL   No, we don't dance. We're going to have (drink) sangria and (eat) tidbits.

Cultural notes: Social life

Customarily, students in Spain and Latin America go to the plaza, to the bars, to the discos, or to the home of a friend. They go in groups of three or four boys or girls.

In the universities there are no football or basketball games or dances organized for all the students.

The plaza

Boys and girls, families, and older people also very often go to the plaza to have a drink of soda and to converse with friends.

In the plaza there are groups of young people who sing, dance, and play the guitar. It's very interesting! Afterwards, they go drink sangria and have (eat) tidbits in the bar.

The bar

In Spain it is very popular to go to (pass by) several bars in the afternoon or in the evening with friends (male friends or female friends). In the bars there are delicious tidbits of cheese, meat, fish to have (take) with wine.

Lección 3

Dialog: Today we're going to visit our (the) grandparents.

MRS. SARMIENTO   Let's go, daughter. It's already late. We have to leave soon.
LUISA   Just a minute, Mom. What time is it?
MRS. SARMIENTO   It's already nine o'clock.
LUISA   Where are we going?
MRS. SARMIENTO   Your dad wants to visit our (the) grandparents. Today is Sunday.
LUISA   Good. I understand (now). What time are we going to return?
MRS. SARMIENTO   Late, perhaps. Why?
LUISA   Because tonight Carlos is coming.
MRS. SARMIENTO   There's no problem (concern). Your boyfriend is coming (can come) with us.

How many brothers and sisters do you have?

José María and Ricardo are downtown. They see a sign that says:

Sunday the 17th—Mother's Day
A house where there is no woman is not a home.

RICARDO   Hey, José! Tomorrow is Mother's Day.
JOSÉ MARÍA   Is it possible? I have to look for a gift for my mother.
RICARDO   I intend to buy a gift, too. My mom works all the time (day and night).
JOSÉ MARÍA   There are a lot of people (persons) in your family, right? How many brothers and sisters do you have?
RICARDO   I have one brother and three sisters. In addition, my grandmother, my aunt, and my cousins are at home.
JOSÉ MARÍA   It is a big family.
RICARDO   Man, you'd better believe it (I believe it)! But I love my family very much.

Cultural notes: The role of the mother

In Hispanic countries the mother's role is very important. As the proverb says, ''A house where there is no woman is not a home.''

The father usually works many hours and is not at home during the day. If there are many persons in the family, the mother has to work day and night. She takes care of the children and manages the household (the administration of the house). Mother's Day among Hispanics is a very special day—a day of intense emotion, celebration, and love.

The role of the father

Traditionally, the man in Hispanic culture is considered as a king. There is an old refrain which says: ''In the home, the man reigns and the wife governs.'' When the father is not at home, the mother has to organize everything.

There is another refrain that says: ''The father, to punish and the mother, to cover up.'' The mother to cover up? Why cover up? Because the mother has to protect the children against the strict discipline of the father.

The Hispanic family

In Spain and in Hispanic America the family is the basis of social life. There are informal meetings and also parties for all the family. Almost every Sunday the married children go to visit, and often to eat, in their parents' house.

Generally, children show much respect for their parents and grandparents. When they speak with them, they use the form **usted**, which is more formal than **tú**.

A GRANDSON   —Hello, Grandmother, how are you (formal)?
GRANDMOTHER   —Very well, thanks, and you (familiar)?

Parents use **tú** with their children. Children use **usted** with them.

MOM   —Do you (familiar) want to go, Luis?
LUIS   —Yes, I'm going with you (formal).

Surnames

This young woman is named Luisa. Her complete legal name is Luisa Martínez Sarmiento. Martínez is the surname of her dad and Sarmiento is the surname of her mom. She has two surnames.

Lección 4

Dialog: What's your major?

Fred is from the United States. He is conversing now with María José, a young lady from Bilbao, about careers, courses, and studies.

FRED   And you, María José, what's your major?
MARÍA JOSÉ   I want to be an aeronautical engineer. And you?
FRED   I don't have any definite plans. First I'm going to get the baccalaureate (the Bachelor's degree).
MARÍA JOSÉ   You no longer want to be a surgeon?
FRED   Maybe. That (matter) of transplanting artificial hearts is something fantastic. Isn't it?
MARÍA JOSÉ   No, I don't agree. Implant a heart in a cow? How disgusting!

FRED	No, young lady. Now they can do it with human beings, too.
MARÍA JOSÉ	Well, I prefer to take a trip to the moon.
FRED	You want to be an astronaut? What madness!
MARÍA JOSÉ	I want to become acquainted with (know) all the planets. And I intend to earn a lot of money.
FRED	Well, to each his own (each crazy one with his own theme).

Lección 5

Dialog: Do you like snow?

FRANK	Hi, Pamela! Where are you going to spend your vacation this summer?
PAMELA	I am going to return to Chile to visit my grandparents.
FRANK	Wow! The trip to Chile costs a lot, doesn't it?
PAMELA	Yes, but I have a very interesting job there.
FRANK	Is that right? What are you going to do?
PAMELA	I am going to give skiing lessons in Portillo.
FRANK	Skiing classes in the summer?
PAMELA	Yes, in Chile winter begins in June.
FRANK	Yes, but is there snow in Santiago?
PAMELA	No, the ski slopes (field) are in Portillo, in the Andes.
FRANK	Do you like snow, Pamela?
PAMELA	Yes, I like it very much. It is marvellous!
FRANK	Well, have a great vacation (pass or spend beautiful vacations)!
PAMELA	Thanks. And you, too. I'll see you (We'll see each other) when I (on the) return.

Lección 6

Dialog: How nice it is to rest!

JORGE	Alfredo, are you ready? It's time to leave for the wedding!
ALFREDO	I'm just leaving. I'm getting up immediately.
JORGE	Are you resting? Don't you realize you're getting married in two hours?
ALFREDO	That's exactly why I need a good nap. How beautiful it is to rest!
JORGE	You have to get dressed and shine your shoes.

ALFREDO	I'll dress and do all that very quickly. First I'm going to bathe and then put on that elegant suit.
JORGE	And after you get dressed you're going to read the newspaper, right?
ALFREDO	Easy! Easy! There's time for everything.

JORGE	By the way, I have (am bringing) here the ring for your bride. Shall I give it to you now?
ALFREDO	No, you can give it to me later. I don't want to lose it.
JORGE	You're right. I'll give it to you in the church. Poor Julia. She doesn't know that her future husband is lazy and forgetful, too.
ALFREDO	You're going to die young, Jorge. You shouldn't (don't have to) worry so much.
JORGE	I'm very sorry. After you get married you'll sing another tune.
ALFREDO	No, sir. Julia and I agree. One has to enjoy life. How beautiful it is to rest!
JORGE	Well, let's go, young man. If you don't hurry, you're not going to enjoy life, nor your wedding either.

Lección 7

Dialog: Let's go to the New Year's dance.

The young people are getting ready (preparing) to go to the formal dance in the Ambassador Club in Montevideo. Isabel goes to the house of the dressmaker to pick up a new dress made to order.

ISABEL	May I (come in)?
TERESA	Of course. Come in and sit down.
ISABEL	Good appetite! Excuse me for bothering you (Pardon the bother) at mealtime.
TERESA	Don't worry (about it). I'll bring you the dress.
ISABEL	I want to try it on. Is that all right?
TERESA	Yes, of course. Put it on. I hope you like it.
ISABEL	How beautiful! And in the latest style! I am going to wear it to the dance tonight.
TERESA	With that dress you'll create a stir (sensation). It fits you very well.
ISABEL	It's also for my saint's day. Mom insists that I not wear jeans and sandals that day.

Juan and Sam are at Juan's house getting dressed to go to the dance. Sam is from Los Angeles. He is visiting in Montevideo with his friend Juan.

JUAN   With that suit you are very elegant, Sam.

SAM   Thanks, but you know what they say about the monkey dressed in silk . . .

JUAN   No, really, it fits you very well.

SAM   Perhaps, but I doubt they will let me enter like this without shoes.

JUAN   There's no problem. I will loan you a pair of shoes.

SAM   By the way. I hope Isabel will be at the dance.

JUAN   I am sure she is going to be there. I'm glad you can go with me to the Ambassador Club. You're going to like it.

SAM   I'm sorry I don't dance the Latin salsa and cumbia very well.

JUAN   I understand you. But I don't want you to stay home on New Year's Eve.

Lección 8

Dialog: Boom, she dumped me!

Eduardo and Luis are students at the Polytechnic Institute in Monterrey, Mexico.

EDUARDO   Wow! Am I sleepy!

LUIS   What happened last night? Were you partying?

EDUARDO   No. Last night was a disaster and today I had to get up at five.

LUIS   I spoke with Pablo and found out that you finally finished the article for the student magazine.

EDUARDO   Yes, I finally managed (was able) to finish it but I didn't study at all.

LUIS   I didn't study either. By the way, last night we didn't see you at the Student Council meeting. What did you do?

————

EDUARDO   I was with Elena. First we went to the movies and saw an excellent film. Then I took her for a walk in the park.

LUIS   Man, how interesting!

EDUARDO   At first, yes; afterwards, she began talking about my other girlfriends.

LUIS   How (What) did you respond to her?

EDUARDO   That I like all girls . . . blondes . . . brunettes . . . but that she is the only one.

————

LUIS   And how did she answer you?

EDUARDO   Boom, she dumped me. Now she never wants to see me again.

LUIS   Go on! How jealous! And did you get upset because of that?

EDUARDO   It wasn't the world's greatest tragedy. As the proverb says: Cry only a little and look for another.

Lección 9

Dialog: What delicious steaks!

ANITA   Hi, Carmen! What's new?

CARMEN   Nothing special. Did you have a lot of fun last night?

ANITA   Sweetie, you can't even imagine! We had dinner in the most famous restaurant in Buenos Aires.

CARMEN   Well, tell me everything. You went out with Raúl again, right?

ANITA   Yes. His parents took us to dinner at La Cabaña.

————

CARMEN   You don't say! You weren't alone, then?

ANITA   No, we were with his parents for the first time. They treated me like a queen.

CARMEN   I suppose you ate very well. What did you order?

ANITA   Boy! What delicious steaks! Have you ever been (Did you ever go) to La Cabaña?

CARMEN   Yes, and I like it very much. I ate some cannelloni that I really liked (delighted me).
[Cannelloni are an Italian and Argentine delicacy—pasta stuffed with cheese and/or meat and covered with cream or tomato sauce.]

————

ANITA   What we liked very much also were the desserts they served. And what a selection of wines, right?

CARMEN   Yes. Did you try them?

ANITA   Yes, I did. Raúl's father drank a lot and his wife scolded him. But he responded that, as the saying goes, ''Drinking and eating are a good pastime.''

CARMEN   So you returned home early?

ANITA   Yes, I arrived before midnight and went to bed at once. And today I went on a diet.

CARMEN   You, on a diet! Impossible!

La Cabaña Menú

Fiambre surtido   *Assorted cold cuts*
Salpicón de ave   *Chopped chicken appetizer*
Jamón con melón   *Ham with melon*

Sopa de verduras   *Vegetable soup*
Ensalada mixta   *Mixed salad*
Ensalada rusa   *Russian salad*
Arroz con atún y mayonesa   *Rice with tuna and mayonnaise*

Merluza al horno   *Baked whitefish (hake)*
Langosta   *Lobster*
Langostino   *Crayfish*
Fiesta de mariscos   *Mixed seafood platter*
Trucha asada   *Baked trout*

Bife de lomo   *(Roast) loin of beef*
Bife a caballo   *Steak with fried eggs*
Chorizos   *Sausages*
Filet mignon   *Filet mignon*
Chateaubriand   *Tenderloin steak*
Chuletas de cordero   *Lamb chops*
Churrascos   *Barbecued steaks*
Lechón asado   *Roast suckling pig*
Parrillada mixta   *Mixed barbecue*
Pollo al horno   *Baked chicken*
Chivito a la parrilla   *Barbecued baby goat*
Canelones   *Stuffed pasta*
Lengua a la vinagreta   *Tongue with vinegar sauce*

Puré de papas   *Mashed potatoes*
Papas fritas   *French fries*
Papas rebosadas   *Stuffed potatoes*

Flan   *Baked custard with caramel*
Fruta de la estación   *Fruit of the season*
Queso surtido   *Assorted cheeses*
Dulce de membrillo   *Quince preserves*
Budín   *Pudding*
Manzana asada   *Baked apple*
Dulce de batata   *Sweet-potato preserves*
Dulce de leche   (Sweet thick milk dessert)

Café   *Coffee*
Té   *Tea*

Lección 10

Dialog: In those days we lived very well!

Juan Luis was in Mexico for a while. He has just arrived in the United States. Now he is at the University of Texas. His parents had to emigrate after the Sandinista revolution against the dictator Somoza. He is speaking with a friend from Texas.

ESTER   Hello, Juan Luis. How is life in the United States?

JUAN LUIS   It's okay (More or less). I'm getting accustomed to it here. I miss my friends from my native country very much.

ESTER   Were you very happy there?

JUAN LUIS   Look, Ester. I lived in Managua 17 years. I didn't want to leave the high school, my friends, and my relatives.

ESTER   Your parents had to emigrate, didn't they?

JUAN LUIS   Yes, for us there was no possibility to remain in that country (continue on there).

ESTER   I remember that the Sandinistas came to power in the year 1979.

JUAN LUIS   Yes, I was in a high school of the Jesuit fathers in those days, and I had my future well assured.

ESTER   Before, your parents were well off?

JUAN LUIS   Quite well off, yes. Our house was beautiful and I went to school in a taxi. You know?

ESTER   And then?

JUAN LUIS   My father had a very high position in the government of Somoza. The Sandinistas confiscated everything—the house, the cars, the properties.

ESTER   At least you were able to get out alive, weren't you?

JUAN LUIS   Yes, in Managua everything was very chaotic and dangerous.

ESTER   How did you get out?

JUAN LUIS   In a private plane. I'll never forget. It was six o'clock in the afternoon and the next day they went to arrest my father.

ESTER   Well, I'm glad you are all here safe.

JUAN LUIS   Thanks, Ester.

Lección 11

Dialog: A flagrant violation!

Federico is an athlete from Bogota, Colombia. He is speaking with his uncle Jaime about soccer. It seems that Federico wants to be a professional.

UNCLE JAIME	How well you played yesterday, Federico! You are phenomenal on the field!
FEDERICO	I like the city team, but I always wanted to play for Club Comercio like Dad.
UNCLE JAIME	Like father, like son! Your dad was crazy about soccer, too.
FEDERICO	What happened? Why does he oppose so much my playing as a professional? Now he wants me to be an architect.
UNCLE JAIME	Don't you know? I'm surprised that you don't know about that incident.
FEDERICO	Well, tell me about it.
UNCLE JAIME	All right. He was playing in the championship of South America against Boca Juniors from Argentina.
FEDERICO	And the champion of that game was going to enter competition for the World Cup in Europe, right?
UNCLE JAIME	Right. The tragedy occurred in the middle of the first period. Your dad was going in furiously to score a goal when suddenly Marañón, of the Boca Juniors, gave him a kick from behind that left him laid out on the ground with a broken leg.
FEDERICO	It was a flagrant violation, right?
UNCLE JAIME	Yes. Everyone knew it. But Comercio lost the game 2 to 0.
FEDERICO	Afterwards Dad became very bitter, didn't he?
UNCLE JAIME	Yes, he felt cheated and swore never to play any more.
FEDERICO	. . . and not to allow his son to play either.
UNCLE JAIME	It seems that's the way it is, doesn't it?

Lección 12

Dialog: Shall we go shopping?

Sherrie and Betty are studying Spanish at the University of Salamanca in Spain. On coming out of class, Sherrie meets Lorenzo, a Spanish student who frequents the same dining room she does.

LORENZO	Hi! Good afternoon. How goes it with the classes?
SHERRIE	A little bit difficult. The professors don't speak English, and there is a lot

	that I don't understand. I think I'll never speak Spanish well.
LORENZO	You will learn it. What do you plan to do this weekend?
SHERRIE	Betty and I are going shopping Saturday. How about you?
LORENZO	I'm going out in the country with my parents. Salamanca is not a big city, but you will find very interesting things in the Main Square. Do you want me to go with you on Saturday?
SHERRIE	Thanks. It won't be necessary, Lorenzo . . . Betty will buy everything. I know her already. I will try to buy (very) little, just something typical of Spain like some Julio Iglesias records or some souvenirs made of silver.
LORENZO	Pardon me for telling you, Sherrie, but there is something much more typical here in Salamanca. The blind men sell it in the Main Square.
SHERRIE	Oh, yeah? What could it be?
LORENZO	Lottery tickets. You buy them on Saturday, on Sunday you win the big prize (the fat one) and you will be a millionaire.
SHERRIE	Oh, what a fantasy, Lorenzo! I will never have that (kind of) luck. A bird in the hand is worth more than a bird in the bush (one hundred flying). By the way, where do they sell stamps?
LORENZO	Stamps for letters, right? In Spanish those are called **sellos** and you buy them in the shop where they sell tobacco and matches. There comes Betty. Good-bye, Sherrie. I'll see you in the dining room.
SHERRIE	Good-bye, Lorenzo, and many thanks.

Lección 13

Dialog: What is your favorite pastime?

Kelly and Daniel are two Americans who are in the United States Air Force in Spain, near Madrid. They work as airplane mechanics. In their free time they went to the Café de las Chinitas to see the Tablao Flamenco (Flamenco performance). They met a dancer from the tablao. Now the three of them are having dinner. They are commenting on their favorite pastimes and their life's dreams.

KELLY My favorite pastime is working on airplanes and studying aviation. I want to be a pilot, but I don't have enough courses in mathematics. With more studies, they would let me apply for pilot training. With more time I would read more magazines about aviation and new scientific advances. With my own airplane I would take you on a trip to Africa. When will that day come (to be)?

DANIEL I would prefer to spend the whole day in the kitchen experimenting with new recipes. Spanish cuisine fascinates me. French cuisine, too. What exquisite things they know how to prepare in Europe! I could dine in a different restaurant every night in Madrid, but I don't have the money. As mechanics we earn (very) little. Someday I am going to inherit a fortune from an aunt who loves me very much, but now I don't have a cent. With that money I would learn many languages and would travel all over Europe to become acquainted with the art of fine dining. Then in the United States I would organize a television program to show the housewives how the most exotic dishes in the world are prepared.

FELIZA The dominating passion of my life is singing. There are no secrets. Everyone knows that all kinds of music thrill me, especially classical. They tell me I dance well, but I have a rather mediocre voice. I am convinced that they wouldn't accept me in any of the important voice schools. How beautiful it would be to study with a great maestro (teacher), and how I would like to sing some day in the great opera houses in Milan, Paris, and London!

It seems like an impossible dream. I need more hope. With the possibility of progressing and being successful someday as an opera singer, I would work with pleasure eight hours a day in a record shop and would continue singing and dancing all night long to pay for the lessons.

Lección 14

Dialog: Susana's trauma

Susana had told David that she wasn't feeling well. David had noticed that she was a little pale. Nevertheless, David insisted on taking her to the theatre in Chapultepec Park (Woods). David is a North American who works in the Bank of America in Mexico City, and Susana, his sweetheart, is a young Mexican girl who also works in the bank. Hardly had they entered the theatre when Susana fainted and fell to the floor. David called the Social Security [government organization that provides hospital and medical services] and the doctor has already come.

POLICEMAN With your permission, ladies and gentlemen. Step to one side. Let the doctor pass.

DOCTOR What has happened to the young lady? Has she taken something?

DAVID We have only had a couple of beers.

DOCTOR Let's take her to the clinic.

In the clinic Susana comes to and begins to regain strength.

DOCTOR How do you feel now? Are you in pain (Does something pain you)?

SUSANA No, nothing hurts me, doctor.

DOCTOR It seems to me you are very weak, young lady. Have you eaten today?

SUSANA No, sir. I haven't (eaten).

DOCTOR And yesterday, did you eat well?

SUSANA No. I have hardly eaten anything all this week.

DOCTOR Have you ever suffered from what we call anorexia?

SUSANA I don't know what it is.

DOCTOR It is the complete lack of appetite.

SUSANA No. It isn't that. I worry a lot about David, and when he doesn't call me, I don't eat. Also, he told me that he doesn't like heavy (voluminous) women.

DOCTOR Oh, the young ladies and their capriciousness! I would have told him off (sent him to fry potatoes), that sweetheart of yours. For lovesickness there are no doctors.

Lección 15

Dialog: News of the day

Jim and Lisa are journalism students at the University of California. They are visiting in Lima, Peru. They have met Julio, a young man from Lima who works for El Mercurio, *a prestigious newspaper of Peru. Since they are interested in journalism, Julio had invited them to get acquainted with the offices of the* El Mercurio *press.*

JIM	Hello, Julio. Thanks for the invitation. It's an unexpected privilege.
JULIO	Good afternoon. I am happy that you came (have come) to visit me.
LISA	This really is impressive. What job (specialty) do you have here, Julio?
JULIO	I am the assistant to the editor who prepares the final version and composes the headlines of the newspaper.
LISA	What are **titulares**?
JULIO	I believe they are known in your country as ''headlines.''
JIM	Yes, that's right. I imagine, Julio, that the major problem is to establish the truth in very few words. Isn't that right?
JULIO	Yes, and it's difficult because there are many people who do not believe what they hear and read. You know that old Spanish saying: ''Don't believe anything you hear, and only half of what you see.''
JIM	What an interesting saying! Yes, many people are incredulous.
JULIO	Here are some headlines and introductory paragraphs. They are for this afternoon's paper.

Lección 16

Dialog: Long live folk music!

Steve is a young man from Manhattan, Kansas. He is on a steamboat cruise in the Caribbean. The boat has been in San Juan, Puerto Rico, for two days. In a record and cassette shop, Steve has met Pedro, a young Puerto Rican who works there.

STEVE	How goes it, Pedro? What's new?
PEDRO	I'm glad to see you, Steve. Tonight there is a concert that you are going to like a lot.
STEVE	What (kind of a) concert is it? A symphony? I want to hear music that is typical of Puerto Rico.
PEDRO	Well, you are very lucky. It's the Areyto Group. There is no group that interprets the music of Puerto Rico better.
STEVE	Well, yes. That interests me. Are you going to go?
PEDRO	Certainly. I am going to take my girlfriend. What do you think? Shall we invite another girl to accompany us?
STEVE	I imagine you know many girls. Will there be one who will accept the invitation of a **gringo** (American)?

PEDRO	Yes, I know several. Let them decide! Let's invite my girlfriend's friend. Her name is Juana.

At the concert

STEVE	This group is great! I like the music of Puerto Rico very much.
JUANA	Well, I like it too, but I prefer your music.
STEVE	What? It's incredible that you prefer (like) American music (more)!
JUANA	It isn't that. I prefer music that has more melody.
STEVE	Like what, for example?
JUANA	Country Western. It's a music that thrills me. We visited Nashville and there I became acquainted with Dolly Parton and Kenny Rogers.
STEVE	I don't understand it, but I'm glad you like our folk music.
JUANA	In the matter of tastes, you know that everyone has his own preference (every head is a world).
STEVE	I really believe it! A different world.

Lección 17

Dialog: Santiago and at 'em!

Christine Robson has been the United States consul in Santiago de Compostela for two years. Tonight her friends have organized a farewell party for her in the Hostal de los Reyes Católicos. [The Catholic Kings. Ferdinand of Aragón and Isabel of Castilla married in 1469. They were able to unite Spain, drive out the Moors, and establish Catholicism as the state religion of Spain.]

CHRISTINE	How nice it is to be with good friends in this magnificent place!
FRANCISCO	Even though you may be (Though you may be) far away, you will always remember Galicia and Spain. After some more people arrive, we will begin the dinner.
RAÚL	I am going to take pictures so you will have some souvenirs. Is that all right?
CHRISTINE	Yes, agreed, provided I don't come out alone in the picture. Perhaps afterward, when everyone is in place, it will be better.

EVELINA   We are going to miss you very much, Christine. Remember the refrain that says: "If you take new friends, don't forget the old ones."

CHRISTINE   How nice (precious)! I will never forget.

EVELINA   Fine. As soon as you arrive in Washington, you are going to write to us.

CHRISTINE   As soon as I know the new address, I'll send it to you. And I want all of you to visit me without my making a written invitation to you.

FRANCISCO   I toast the guest of honor. And so that you don't forget us, we have brought you these bottles of happiness.

CHRISTINE   Thank you very much. The wine from Santiago will make me remember my (the) good friends of Galicia.

RAÚL   How about these Galician cheeses? How are you going to get them through customs without the customs officials knowing it?

CHRISTINE   I will take them with me even though I may have to pay the customs duties.

FRANCISCO   And don't forget the patron saint of Galicia.

CHRISTINE   Yes. Santiago and at 'em!

Lección 18

Dialog: The end of the world!

Ricardo and Catalina, at last, after having resolved many problems, have become engaged and have set the date for their wedding. Ricardo is 28 years old. He is an announcer for Radio-television Spain. Catalina is 25, is a professor of Spanish language, is studying for the doctorate, and works in the afternoons as a scriptwriter.

CATALINA   I'm glad that we could finally set the date for the wedding.

RICARDO   Me, too. It was time! If it weren't for your dad we would already be married.

CATALINA   But you insisted on my leaving the university, and he didn't want that. But, anyhow (finally) . . .

RICARDO   You didn't, either. It isn't as though it were the end of the world.

CATALINA   For you, like a knight of the past century, it was a very important achievement to obey your heart instead of your macho tradition.

RICARDO   I believe your dad was worried about the money you could bring to the marriage.

CATALINA   You know that for me that was not important. As I have told you many times, as long as I have you, I'll settle for bread and onions (with you, bread and [an] onion).

RICARDO   Agreed, dear, but you lead a very busy life . . . professor, student, scriptwriter, and soon now, wife. I wish you had more free time!

CATALINA   If I had more time, I would always be with you. It has cost me an enormous effort to arrive at this point. I enjoy so much the classes at the university.

RICARDO   Yes, I understand. I like for you to be occupied with something that pleases you so much. Some day, you are going to think seriously about our future family, right?

CATALINA   Well, dear, first the wedding and afterward we'll see.

The diskettes contain the following:

Review Exercises for all lessons, in groups of three, as with the *Repasos* in the text.

Diagnostic Tests for Lessons 1–9 and 10–18.

Three vocabulary-learning games: CATCHWORD, MATCHMAKER, and PATCHWORK.

Easy-to-follow instructions for all these elements appear on the computer screen, but the instructions printed here in the *Workbook* are useful for advance study and for reference.

The diskettes work on: Apple II, II+, IIe, and IIc computers.

On the last page of the *Workbook* are printed the key functions necessary for typing capital letters and the accented letters and special punctuation marks in Spanish, depending on which version of an Apple computer you are using. The key functions necessary to play CATCHWORD are printed there as well.

Instructions for review exercises

1. Insert the diskette into the disk drive and turn the computer on.

2. When the menu is displayed, press I for general instructions; press R to go directly to the Review Exercises; then press B to begin.

3. Once the exercise is loaded, you will be given a choice of lessons (in groups of three) to practice. Press the letter that corresponds to your choice and the lesson file will be loaded into the exercise. Follow the screen instructions.

4. There are two types of questions to be answered:
   a) Multiple-Choice: In order to answer a multiple-choice question, simply press the letter that corresponds to the correct answer. If your answer is correct, it will be displayed in reverse coloring (dark on light) and you will move to the next question. If the answer is wrong, it will be crossed out and you will be required to try again until you get it right.
   b) Short-Answer: You must type in the answer to the question and then press RETURN. If the answer is correct it will be printed in reverse coloring; if not, it will be crossed out and you will have a choice of trying again in order to receive full credit on the question or of seeing the correct answer(s). If you choose to see the correct answer, you will receive no points on that problem.

5. Exiting: You can exit the exercise by pressing CTRL-C instead of attempting to answer a question. If you are on a multiple-choice question, just press CTRL-C. If you are on a short-answer question, you must press CTRL-C and then RETURN. If you do not exit the exercise with CTRL-C, the exercise will not end until every problem has been answered.

6. At the end of the game the screen displays your total score as well as score on each of the categories contained in the exercise. The screen will advise you about topics you need to study.

Instructions for diagnostic tests

The instructions are identical to those for the Review Exercises. The difference between the two programs is that there are no second chances on any of the problems in the diagnostic tests.

Instructions for Catchword, Matchmaker, and Patchwork

Introduction

These three vocabulary-learning games all make use of the same vocabulary lists, but each game teaches the words in a different way. Catchword and Matchmaker are geared more toward word recognition and familiarization, whereas Patchwork is an exercise in recall. Since all three games use the same lists, become familiar with each word list by practicing with Catchword or Matchmaker before using Patchwork.

Many of the words and expressions that are included in the vocabulary lists have more than one correct definition or meaning. Thus, a word can appear in the game several times, each time with a different definition. In some instances, a word or expression may have so many possible definitions that only those that are stressed in a particular lesson will be given in the vocabulary list.

There are two files for each lesson in the book. File A contains only nouns and File B contains words and expressions that are not nouns. The Spanish words in File A include an article as a constant reminder of gender. The English words are not accompanied by an article.

The first six steps to follow in order to play any of the games are identical. They are listed below. Following these general instructions, you will find specific instructions for each of the three games.

Instructions

You have some control in setting up the game conditions. When options are presented, all you need to do is press a number. There is no need to press RETURN, unless specifically instructed to do so.

You can exit (return to the title-page display) by pressing CTRL-C anytime you are instructed to make a selection or press a key. Once the game is in progress, it is possible to exit by pressing CTRL-C instead of trying to answer correctly.

1. Insert the diskette into the disk drive and turn the computer on. The menu will automatically load into the computer.

2. When the menu appears on the screen, press the letter C, M, or P, depending on which game you wish to use. The game program will then be loaded into the computer.

3. Once the game is loaded, the title page will be displayed. Press P to play the game. Press Q to quit.

After you press P, the screen will show a list of the vocabulary files on the diskette. Press the letter of the file that you wish to use and it will be loaded. If you do not see the name of the file you want to use, press RETURN. The remainder of the files on the disk will be displayed.

Note: If you decide that you want to exit without playing the game or looking at more files, press CTRL-C.

4. After the file you have chosen has been loaded into the computer, you will be given some choices. If you had selected Lesson 1A, the display would look like this:

Lesson 1A contains 73 words.

Do you want to use:

[1] All 73 words
[2] Only part of the list
    ?

If you choose option #1 at this point, then go to instruction #7.

If you choose option #2, then go to instruction #5.

5. You will see:

    Lesson 1A contains 73 words.

    Which part of the list do you want to use?

    Begin with word no.

Choose any number within the limits of the list. In the above example, you could type in any number between 1 and 64. The upper limit is 64 because you must use at least ten words.

After typing in the number, press RETURN.

6. The screen will show:

    End with word no.

Choose any number that is at least nine numbers greater than the beginning number. If your numbers do not cover at least ten words, or if they are not contained in the list, you will be asked to choose again.

After typing in the number, press RETURN.

For instruction #7, go to the specific instructions for the game you are using.

Catchword

In this game a word or phrase appears in a box at the bottom of the screen. Beneath the box, four words appear, one of which is a correct definition of the word in the box. The words are identified as choices a, b, c, and d. After the choices appear below, the four letters (a, b, c, and d) appear at the top of the screen in a random order and begin to fall. You have control of a movable cup at the bottom of the screen and must catch the letter that corresponds to the correct definition of the word.

When unfamiliar words are used in the game, learning takes place by trial and error. You are never given the correct answer after making a mistake, so you must make the effort to remember mistakes and learn from them.

Instructions

7. The screen will ask:

    Do you want the problems to be:

    [1] Words you are learning
    [2] Definitions of those words
    [3] Both (random selection)
        ?

If you choose #1, the words that appear in the box will be the words that you are learning (in Spanish) while the definitions (in English) will appear below in a multiple-choice format. If you choose #2, the reverse will be true. For choice #3, either Spanish or English will appear.

8. After you have made your choice, the screen will ask:

    Do you prefer:

    [1] A game of 20 words
    [2] The high score version
        ?

If you choose #1, the game will consist of 20 words and you will be able to select the speed at which you want to play. If you make this choice, go next to instruction #9.

If you choose #2, a display of key functions (reprinted on the last page of the *Workbook*) appears and the game begins. The number of problems is displayed at the top left of the screen. To the right, the high score is displayed. In this mode, you receive one point for every correct response. The speed is controlled automatically by the computer and increases gradually as the game progresses.

In the high score mode the game ends as soon as a mistake is made.

You will be asked if you want to play again. If you answer yes, proceed to instruction #12.

9. You have another choice to make:

    After a mistake, do you want to:

    [1] Have just one more chance

[2] Continue working with the problem until you get it right
?

10. Another choice concerns speed:

At which speed would you like to play?

[1] Slow
[2] Regular
[3] Fast
[4] Very fast
?

As soon as the speed is chosen, a display of key functions (reprinted on the last page of the *Workbook*) appears. Then the game begins. The number of points received for catching the correct letter varies according to the speed chosen at this point. You receive 2, 3, 4, or 5 points per word, according to the speed chosen. The maximum possible number of points per game is 100. This total can only be reached by playing at speed #4.

11. At the end of each game you are shown a list of the problems that you missed, along with the correct answer to each one. Press any key to continue; you will be shown a display of your performance in the last game and the overall picture of all games played.

If you have played the 20-word version of the game, you are shown the number of points received, the percentage of correct answers, and the average of those two numbers for all games played. If you have played the high score version of the game, you are shown the points received in the last game, the average number of points per game, and the high score. The screen asks:

Do you want to play again?

In answer to this question press Y to say Yes, press N to say No. If your answer is Yes, then see instruction #12.

12.
Conditions for the next game.

[1] The same words
The same speed

[2] The same words
A different speed

[3] New words
?

If you choose #1, the new game begins immediately, under the same conditions as the previous game.
If you choose #2, go back to instruction #7.
If you choose #3, go to instruction #13.

13.
Do you want to use:

[1] A different portion of Lesson 1A
[2] A new list

If you choose #1, go to instruction #14.
If you choose #2, go back to instruction #4.

14.
Do you want to:

[1] Keep the scores from past games
[2] Erase past scores

After you make your choice, go back to instruction #4.

Matchmaker

In this game, two rectangular boxes appear on the screen. A word or phrase is printed in the top box and then a series of words is printed in the lower box. Your task is to press any key on the computer as soon as you see that the words in both boxes are a matching pair.

When unfamiliar words are used in the game, learning takes place by trial and error. You are never given the correct answer after making a mistake, but must make the effort to learn from the mistakes.

Instructions

7. The screen will ask:

Do you want the problems to be:

[1] Words you are learning
[2] Definitions of those words
[3] Both (random selection)
   ?

If you choose #1, the words that appear in the upper box will be the words that you are learning (in Spanish) while the definitions (in English) will appear in the lower box. If you choose #2, the reverse will be true. For choice #3 either Spanish or English will appear.

8. After you have made your choice, the screen will ask:

Do you prefer:

[1] A game of 20 words
[2] The High Score version
   ?

If you choose #1, the game will consist of 20 words and you will be able to select the speed at which you want to play. If you make this choice, go next to instruction #9.

If you choose #2, go to instruction #11. The number of problems is displayed at the top left of the screen. To the right, the high score is displayed. In this mode, you receive one point for every correct response. The speed is controlled automatically by the computer and increases gradually as the game progresses.

In the high score mode the game ends as soon as a mistake is made. You will be asked if you want to play again. If you answer yes proceed to instruction #13.

9. You have another choice to make:

After a mistake, do you want to:

[1] Have just one more chance
[2] Continue working with the problem
   until you get it right
   ?

10. Another choice concerns speed:

At which speed would you like to play?

[1] Slow
[2] Regular
[3] Fast
[4] Very fast
   ?

The number of points received for a correct response varies according to the speed chosen at this point. You receive 2, 3, 4, or 5 points per word, according to the speed chosen. The maximum possible number of points per game is 100. This total can only be reached by playing at speed #4.

11. The screen will ask:

Do you prefer:

[1] Sound
[2] No sound
   ?

Choice number 1 will make the computer produce a click each time a new word is printed in the lower box. As soon as this choice is made, the game begins.

12. At the end of each game you are shown a list of the problems that you missed, along with the correct answer to each one. Press any key to continue; you will be shown a display of your performance in the last game and the overall picture of all games played.

If you have played the 20-word version of the game, you are shown the number of points received, the percentage of correct answers, and the average of those two numbers for all games played. If you have played the high score version of the game, you are shown the points received in the last game, the average number of points per game, and the high score. The screen asks:

Do you want to play again?

In answer to this question press Y to say Yes, press N to say No. If your answer is Yes, then see instruction #13.

13.

Conditions for the next game:

[1] The same words
     The same speed

[2] The same words
     A different speed

[3] New words
     ?

If you choose #1, the new game begins immediately, under the same conditions as the previous game.
If you choose #2, go back to instruction #8.
If you choose #3, go to instruction #14.

14.

Do you want to use:

[1] A different portion of Lesson 1A
[2] A new list

If you choose #1, go to instruction #15.
If you choose #2, go back to instruction #4.

15.

Do you want to:

[1] Keep the scores from past games
[2] Erase past scores

After you make your choice, go back to instruction #4.

Patchwork

In this game, two rectangular boxes appear on the screen. All words or phrases that appear in the top box are the words or phrases that you are learning. The words that appear in the lower box will be definitions of the words that appear in the upper box.

As each new problem is presented, you first have a chance for one bonus point. A set of dashes will appear in one of the boxes, then the dashes will begin to be replaced by letters. Your task is to try to correctly identify the word or words before the computer has printed seven-tenths of the letters in the word. As soon as you think you recognize the word(s), press any key on the keyboard. As soon as you press a key, you must type in the word(s). If you are correct, you receive one point. If you are wrong, the correct word(s) will be displayed.

The next step requires you to type in a correct definition or match for the word(s) already presented. You receive 1, 2, 3, or 4 points for a correct answer, depending on the speed at which you are playing.

There is always a time limit for typing answers in either of the boxes. You must type in your response and then press RETURN before time runs out. The limit, along with appropriate instructions, is displayed at the bottom of the screen.

Instructions

7. The screen will ask:

Do you want the first words to appear:

[1] In the upper box (problem)
[2] In the lower box (answer)
[3] At random
    ?

If you choose #1 Spanish words will appear, if #2 English words, if #3 either Spanish or English.

8. After you have made your choice the screen will ask:

Do you prefer:

[1] A game of 20 words
[2] The High Score version
    ?

If you choose #1, the game will consist of 20 words and you will be able to select the speed at which you want to play. If you make this choice, go next to instruction #9.

If you choose #2, the game will begin immediately. The number of problems is displayed at the top left of the screen. To the right, the high score is displayed. In this mode, you receive one point for every correct response. This means a maximum of two points per problem. The speed is controlled automatically by the computer and increases slightly with each new problem.

In the high score mode the game ends as soon as you are unable to type in a correct match. The game will not end if you fail to get a bonus point for recognizing the first word as it appears. You will be asked if you want to play again. If you answer yes, proceed to instruction #11.

9. You must choose:

At which speed would you like to play?

[1] Slow
[2] Regular
[3] Fast
[4] Very fast
       ?

As soon as the speed is chosen, the game begins. The number of points received for each word varies according to the speed chosen at this point. You receive 1, 2, 3, or 4, points per word, according to the speed chosen. The maximum possible number of points per game is 100. This total can only be reached by playing at speed #4.

10. At the end of each game you are shown a list of the problems that you missed, along with the correct answer to each one. Press any key to continue; you will be shown a display of your performance in the last game and the overall picture of all games played.

If you have played the 20-word version of the game, you are shown the number of points received, the percentage of cor-

rect answers, and the average of those two numbers for all games played. If you have played the high score version of the game, you are shown the points received in the last game, the average number of points per game, and the high score. The screen asks:

Do you want to play again?

In answer to this question press Y to say Yes. Press N to say No. If your answer is Yes, then see instruction #11.

11.

Conditions for the new game:

[1] The same words
    The same speed

[2] The same words
    A different speed

[3] New words

If you choose #1, the new game begins immediately, under the same conditions as the previous game.
   If you choose #2, go back to instruction #7.
   If you choose #3, go to instruction #12.

12.

Do you want to use:

[1] A different portion of Lesson 1A
[2] A new list

If you choose #1, go to instruction #13.
If you choose #2, go back to instruction #4.

13.

Do you want to:

[1] Keep the scores from past games
[2] Erase past scores
       ?

After you have made your choice, go back to instruction #4.